ANNE WILSON

PASTA-GERICHTE

KÖNEMANN

Inhalt

Fettuccine mit Oliven und Aubergine, S. 27

Minestrone mit Pesto, S. 32

Alles über Pasta 4

Saucen 10

Schnelle Pastaküche 16

Pronto Pasta 28

Suppen 30

Pasta und Tomaten 36

Nudelsalate 58

Pasta in Sahnesauce 60

Gnocchi 80

Überbackene und
gefüllte Pasta 82

Register 111

Gnocchi mit Tomatensauce, S. 53

Farfalle mit Thunfisch, Champignons und Sahne, S. 73

Grieß-Gnocchi, S. 110

Gebackene Spaghetti-Frittata, S. 88

Klassische Lasagne, S. 102

Nützliche Hinweise

Leicht & schnell

Normaler Aufwand

Schwieriger, aber lohnend

Es gelten die üblichen Maße in Gramm und Liter. Die in den Rezepten verwendeten Eier wiegen durchschnittlich 60 g. Die Dosengrößen sind bei jedem Hersteller verschieden, verwenden Sie daher die Größe, die der im Rezept angegebenen am nächsten kommt.

Maßeinheiten und Abkürzungen

EL	= Eßlöffel (15 ml)
TL	= Teelöffel (5 ml)
g	= Gramm
kg	= Kilogramm
l	= Liter
ml	= Milliliter
Msp.	= Messerspitze
Pckg.	= Packung
Min.	= Minute/n
Std.	= Stunde/n

Alles über Pasta

Pastagerichte können so einfach oder so extravagant sein, wie Sie wollen – es kommt nur darauf an, welche Sauce Sie dazu reichen. Teigwaren, Käse und Salat ergeben zusammen eine leckere und ausgewogene Mahlzeit.

Pasta kochen

Verwenden Sie einen großen Topf. Für 500 g Teigwaren werden mindestens 4 Liter Wasser benötigt. Das gesalzene Wasser erhitzen, bis es sprudelnd kocht und langsam die Nudeln zufügen, so daß der Siedeprozeß nicht unterbrochen wird. Die Nudeln sollten frei schwimmen, damit sie nicht verkleben, und einmal mit einem langstieligen Löffel umgerührt werden, um zu verhindern, daß sie am Boden ansetzen.

Lange Teigwaren wie Spaghetti sollten nicht gebrochen, sondern behutsam ins Wasser gedrückt werden. Man hält ein Ende in das kochende Wasser, und wenn es weich wird, schiebt man die Nudeln weiter hinein, bis sie bedeckt sind. Das Wasser muß sprudelnd kochen. Nicht abdecken. Manche geben einige Tropfen Olivenöl ins Wasser, damit die Nudeln nicht zusammenkleben.

Sehr wichtig ist die Garzeit. Befolgen Sie die Anweisungen auf der Packung, und machen Sie kurz vor Ablauf der angegebenen Zeit einen Gartest. Pasta sollte *al dente* gekocht werden, also noch Biß haben. Je nach Größe und Dicke benötigen getrocknete Teigwaren meist 8–12 Minuten, frische 3–6 Minuten. Gekochte Nudeln sofort abgießen.

Pasta wird am besten sofort serviert; falls man sie warm halten muß, schwenkt man sie in Olivenöl, damit die Nudeln nicht verkleben. Wenn sie kalt für einen Salat verwendet werden soll, schreckt man sie nach dem Garen unter kaltem Wasser ab. Dann in Öl schwenken und kühl stellen.

Pasta ins Kochwasser halten, und weiter hineinschieben, wenn sie weich wird.

Für die Rezepte in diesem Buch werden, sofern nicht anders angegeben, getrocknete Teigwaren verwendet, Sie können aber auch frische nehmen.

Mit einem Sparschäler frischen Parmesan für Garnierung und Salat hobeln.

Portionsgrößen: Pro Person rechnet man 75–125 g getrocknete Pasta oder 125–175 g frische Pasta.

Servieren: Traditionell richtet man Pasta wie Spaghetti oder Fettuccine auf Portionstellern an und hebt etwas Sauce unter. Die restliche Sauce wird in einer Schüssel getrennt gereicht.

Am einfachsten ist es, die Nudeln nach dem Abtropfen wieder in den Topf zu geben, mit der Sauce zu vermischen und dann in einer großen Servierschüssel oder auf Portionstellern anzurichten.

Lange Pasta

Bei langen Nudeln gibt es eine enorme Größen- und Formenvielfalt. Zu den runden Formen gehören Spaghetti, Vermicelli und Spaghettini. Manche, wie Bucatini, sind innen hohl, so daß die Sauce hindurchlaufen kann.

Spaghetti werden oft einfach mit Öl und Knoblauch serviert. Man kann sie aber mit jeder Sauce reichen, die an den Nudeln haftet. Auf die gleiche Weise verwendet man Vermicelli. Auch für flache, lange Pasta wie Fettuccine eignen sich Saucen, die an ihnen haften.

Meeresfrüchte, auch Miesmuscheln, werden oft mit langer Pasta serviert, große Gemüse- und Fleischstücke lassen sich mit langen Nudeln jedoch schwer essen. Zu Bologneser Sauce passen Spaghetti und Tagliatelle gut.

Verzehr: Man nimmt einige Nudeln mit der Gabel auf und setzt diese auf einen Löffel. Dann dreht man die Gabel und wickelt so die Nudeln auf. Man kann die Gabel aber auch einfach auf den Teller setzen und drehen.

Kurze Pasta

Diese Nudeln können gerade, geformt oder hohl sein. Röhren und andere Hohlformen nehmen Saucen gut auf, auch wenn diese große Fleisch- oder Gemüsestücke enthalten. Alle kurzen Pasta-Sorten sind untereinander austauschbar.

CONCHIGLIE: Muschelförmige Teigwaren unterschiedlicher Größe. Große Muscheln eignen sich ideal, um (beispielsweise mit Meeresfrüchten gefüllt) im Backofen gegart zu werden, kleinere Muscheln können für Eintöpfe und Suppen oder kalt für Salate verwendet werden.

FARFALLE: Schmetterlings- oder schleifenförmige Pasta, die sich ausgezeichnet für Fleisch- und Gemüsesaucen eignet.

FUSILLI: Spiralförmige Pasta, die man in Salaten oder mit Fleischsaucen reicht, die in den Spiralen haften bleiben.

MAKKARONI: Gerade oder gebogene Röhrennudeln, die oft für im Backofen gegarte Gerichte verwendet werden.

PENNE: Gerade kurze Röhrennudeln mit glatter oder gerillter Oberfläche und schrägen Enden. Sie nehmen Saucen gut auf.

LASAGNE: Flache oder gerillte Teigplatten, die mit Sauce geschichtet im Backofen gegart werden. Manche müssen vorgekocht werden.

Gefüllte Pasta
CANNELLONI: Sehr große Röhrennudeln, die mit Fleisch- oder Gemüsefarce gefüllt werden können. Dann begießt man sie mit einer Sauce und gart sie im Backofen.
RAVIOLI UND TORTELLINI: Pasta mit einer Vielzahl von Füllungen etwa aus Gemüse, Huhn oder anderem Fleisch. Man kann sie frisch oder getrocknet kaufen oder selbst herstellen. Nach dem Garen serviert man sie gewöhnlich mit zarten Saucen, die das Aroma der Füllung nicht überlagern.

Gnocchi
Kleine Klößchen, die aus Grieß-, Getreide- oder Kartoffelmehl zubereitet werden. Man läßt sie in Wasser garziehen und serviert sie mit Sauce.

Suppennudeln
Für Suppen und Eintöpfe sind viele Nudelsorten erhältlich wie etwa kleine Sterne (Stelline), kleine Muscheln (Conchiglie), Schmetterlinge (Farfalle) oder Buchstaben.

Käse

Käse findet in Nudelgerichten häufig Verwendung, insbesondere Parmesan. Er wird in die Sauce gegeben oder einfach darüber gestreut.

Um Hartkäse aufzubewahren, wickelt man ihn am besten fest in Alufolie und legt ihn in den Kühlschrank. Wer Frischhaltebeutel oder Klarsichtfolie bevorzugt, drückt möglichst viel Luft heraus. Für Pastagerichte verwendeter Käse sollte frisch gerieben werden.

Weichkäse wie Ricotta eignet sich ausgezeichnet für Füllungen, da er die anderen Zutaten bindet und eine angenehme Konsistenz hat. Man lagert ihn luftdicht verpackt im Kühlschrank.

PARMESAN ist ein körniger, hellgelber Hartkäse mit einem sehr würzigen Aroma, das hervorragend zu Fleisch-, Tomaten- und Gemüsesaucen wie auch zu einigen Sahnesaucen und Suppen paßt. Für Pilzsaucen und Meeresfrüchte verwendet man ihn gewöhnlich nicht. Fest eingepackt hält sich Parmesan im Kühlschrank einige Monate.

Parmigiano-Reggiano ist der beste Parmesan und in den meisten Käsegeschäften im Angebot. Die Laibe tragen ein Brandsiegel, das die Güte garantiert. Falls er nicht erhältlich ist, kann *Grana* verwendet werden, aber kein vorgeriebener Käse.

GRUYÈRE – italienisch *Gruviera* – ist ein blaßgelber Hartkäse und naher Verwandter des Emmentalers. Er kann trocken und sehr würzig sein, aber es gibt auch mildere, rahmigere Typen, die für Saucen meist vorzuziehen sind. Überdies eignet er sich ideal zum Überbacken, da er kaum Fäden zieht.

ROMANO ist ein körniger Hartkäse mit sehr pikantem Aroma und kleinen Löchern. Seine goldgelbe Farbe wird beim Reifen dunkler. Er wird mitunter als Ersatz für Parmesan verwendet und dient wie dieser gerieben oder gehobelt als Garnierung, um den Geschmack von Nudelgerichten zu verfeinern.

PECORINO ist ein körniger, blaßgelber Hartkäse, der beim Reifen dunkler wird. Er hat ein kräftigeres Aroma als Parmesan und kann als Ersatz dafür verwendet werden. Wie Parmesan hält er sich gut.

RICOTTA ist ein weißer Frischkäse von süßlichem, mild-aromatischem Geschmack und cremiger Konsistenz. Er eignet sich gut für Nudelfüllungen und wird zur Zubereitung von Süßspeisen verwendet.

MOZZARELLA – auch *Bocconcini* oder *Ovolini* genannt – ist ein weicher, feuchter, milder, fast weißer Käse, den man in Kugeln oder Blocks bekommt. Offen im Käseladen gekauft und in der Lake im Kühlschrank gelagert hält er sich drei Tage. In Folienbeuteln angebotener Käse trägt ein Frischhaltedatum und sollte spätestens drei Tage nach dem Öffnen des Beutels verbraucht werden.

PROVOLONE DOLCE ist ein weicher, glatter Käse von blaßgelber Farbe. Er ist mild und eignet sich für Gerichte, auf denen der Käse zerlassen wird, oder für Salate.

GORGONZOLA ist ein weicher, sahniger Blauschimmelkäse mit scharfem Geschmack und Geruch, der Pastagerichten eine besondere Note verleiht. Wer ein milderes Aroma vorzieht, kann einen anderen, milderen Blauschimmelkäse wählen.

CHEDDAR gibt es in verschiedenen Reifegraden. Die milderen Typen haben eine hellere Farbe. Sie sind fest, doch mit längerer Reifezeit wird der Käse krümeliger. Alle Sorten sind untereinander austauschbar.

Kräuter

Basilikum, Oregano, Rosmarin, Salbei, Thymian und Petersilie werden häufig für Pasta-Rezepte verwendet. Die Angaben für Kräuter in den Rezepten sollte man als Vorschläge betrachten. Wer andere Kräuter oder Kombinationen von Kräutern bevorzugt, sollte einfach eigene Rezepte entwickeln.

In welchen Mengen Kräuter verwendet werden, ist eine Frage des persönlichen Geschmacks. Wer frische Kräuter den getrockneten vorzieht, muß bei den Abmessungen aufpassen, da frische Kräuter mehr Raum einnehmen, also etwas mehr davon benötigt werden als angegeben.

Getrocknete Pasta

Getrocknete Pasta wird maschinell hergestellt und verpackt. Sie enthält Mehl, Wasser und Salz, zum Teil auch Eier. Einige Sorten eignen sich für bestimmte Saucen besonders gut. Hier werden zu den verschiedenen Pasta-Sorten Tips für passende Saucen gegeben.

Unten: Tagliatelle (am besten mit dünnen, haftenden Saucen)

Rechts: Tomaten-Tagliatelle (am besten mit dünnen, haftenden Saucen)

Links: Penne (am besten mit dicken Saucen)

Links: Rigatoni (am besten mit dicken Saucen)

Rechts: Lasagne (wird mit Sauce geschichtet und gebacken)

Unten: Conchiglie oder Muscheln (am besten mit dicken Saucen, die auch innen an den Nudeln haften)

Oben: Fettuccine (am besten mit dünnen, haftenden Saucen)

Links: Risoni (zu Suppen und Eintöpfen)

Links: Linguine (gut mit dünnen, haftenden Saucen)
Links: Fusilli (gut mit Saucen, die in die Rillen laufen)
Links: Orecchiette (mit Saucen, die innen an den Nudeln haften)
Rechts: Spaghetti (gut mit dünnen Saucen oder Bolognaise)
Oben: Spirale (am besten mit Saucen, die in die Rillen laufen)
Links: Spinat-Tagliatelle (gut mit dünnen, haftenden Saucen)
Unten: Makkaroni (für Ofengerichte und Suppen)
Oben: Cannelloni (werden gefüllt und in Sauce im Ofen gegart)
Oben: Farfalle (am besten mit Saucen, die in die Rillen laufen)
Oben: Tortellini (gut mit Saucen, die in die Rillen laufen)
Oben: Ziti (für dicke und dünne Saucen geeignet)
Oben rechts: Sternchen (als Suppeneinlage)
Oben: Kurze Makkaroni (für Ofengerichte und Suppen)

Frische Pasta

Italienische Delikatessengeschäfte und mittlerweile auch Supermärkte bieten frische Pasta an. Einige Sorten sind mit Kräutern und Gewürzen aromatisiert oder mit Gemüse gefärbt. Frische Pasta gart rascher als getrocknete. Wir haben hier Saucen für die verschiedenen Pasta-Sorten vorgeschlagen.

Rechts: Lasagne-Platten (mit dicken Saucen geschichtet gebacken)

Oben: Ravioli (ausgezeichnet mit zarten, dünnen Saucen)

Unten: Kürbis-Gnocchi (am besten mit dünnen Saucen)

Links: Tortellini (am besten mit milden, dünnen Saucen)

Unten: Gnocchi (gut mit dünnen Saucen)

Links: Pfeffer-Tagliatelle (gut mit dünnen, haftenden Saucen)

Unten rechts: Spinat-Gnocchi (mit dünnen, haftenden Saucen)

Unten: Kürbis-Ravioli (am besten mit zarten, dünnen Saucen)

Unten rechts: Tomaten-Tagliatelle
Unten links: Spinat-Tagliatelle (beide am besten mit dünnen, haftenden Saucen)

Oben: Spaghetti (gut mit dünnen Saucen)

Oben: Spinat-Tortellini (ausgezeichnet mit dünnen Saucen)

Unten: Pappardelle (für dicke und dünne Saucen geeignet)

Saucen

Tomaten-Oliven-Sauce

Zubereitungszeit: 25 Min.
Garzeit: 15 Min.
Für 4–6 Personen

1 kg große, reife Tomaten
1 EL Olivenöl
2 Knoblauchzehen, feingehackt
1 mittelgroße Zwiebel, feingehackt
500 g Penne, Spaghetti, Fettuccine oder Pasta nach Wahl
90 g schwarze Oliven, entsteint
2 TL brauner Zucker
1 TL Rotweinessig
Salz und Pfeffer nach Geschmack

● Tomaten oben kreuzförmig einritzen.
1 1–2 Minuten in kochendes Wasser, dann in kaltes Wasser legen. An den Einschnitten beginnend die Haut abziehen. Tomaten fein hacken. Öl in einer schweren Pfanne erhitzen. Knoblauch und Zwiebeln zufügen und bei schwacher Hitze 5 Minuten unter Rühren garen.
2 Die Tomaten zugeben und 2–3 Minuten rühren. Die Nudeln in einem großen Topf mit kochendem Wasser *al dente* garen. Abtropfen lassen und wieder in den Topf geben.
3 Oliven, Zucker, Essig, Salz und Pfeffer in die Sauce rühren. Die Sauce unter die Nudeln heben, sofort servieren.

1

2

3

Tomatensauce

Zubereitungszeit: 15 Min.
Garzeit: 20 Min.
Für 4–6 Personen

1½ kg große Tomaten
1 EL Olivenöl
2 Knoblauchzehen, zerdrückt
1 Zwiebel, gehackt
1 mittelgroße Karotte, feingehackt
2 EL Tomatenmark
1 TL Zucker
Salz und Pfeffer nach Geschmack
20 g frisch gehackter Oregano, Petersilie und Basilikum
500 g Rigatoni, Penne oder Spaghetti

● Tomaten oben kreuzförmig einritzen.

1 1–2 Minuten kochen. An den Einschnitten Haut abziehen und grob hacken.

2 Öl in einer gußeisernen Pfanne erhitzen. Knoblauch und Zwiebeln zufügen und bei schwacher Hitze 5 Minuten garen. Tomaten und Karotte zugeben und 10 Minuten köcheln. Tomatenmark, Zucker, Salz und Pfeffer zufügen. Zum Kochen bringen und 2 Minuten garen.

3 Mischung pürieren. Die Kräuter unterrühren. Nudeln in einem großen Topf mit kochendem Wasser *al dente* garen. Abtropfen lassen und wieder in den Topf geben. Sauce untermischen.

1

2

3

Knoblauchsauce mit Petersilie

Zubereitungszeit: 10 Min.
Garzeit: 15 Min.
Für 4–6 Personen

4 Knoblauchzehen
500 g Fusilli oder Spiralen
250 ml Olivenöl
3 EL Petersilie, gehackt
Salz und Pfeffer, nach Geschmack

● Den Knoblauch zerdrücken oder fein hacken.

1 Nudeln in einem großen Topf *al dente* garen. Abtropfen lassen und wieder in den Topf geben.

2 Etwa 5 Minuten, bevor die Nudeln gar sind, das Öl bei niedriger Temperatur in einem Topf erhitzen. Knoblauch in den Topf geben und kurz garen.

3 Öl und Knoblauch über die heiße Pasta geben. Petersilie, Salz und Pfeffer zufügen und die Nudeln sorgfältig durchheben. Sofort servieren.

TIP

Knoblauch braten, bis er goldbraun ist. Aber Vorsicht: Nicht dunkler werden lassen, da er sonst bitter werden kann. Am besten frische, pralle Knollen verwenden.

Variation: Mit der Petersilie 1 Becher gehackte Oliven zufügen oder 2 EL gehackten frischen Oregano, Basilikum, Schnittlauch oder Salbei zusätzlich verwenden. Beim Braten des Knoblauchs 4 feingehackte Sardellenfilets zugeben.

1 

2 

3 

Schnelle Bolognaise

Zubereitungszeit: 10 Min.
Garzeit: 25 Min.
Für 4–6 Personen

1 EL Olivenöl
1 mittelgroße Zwiebel, gehackt
2 dicke Scheiben Schinkenspeck, gewürfelt
1 mittelgroße Karotte, geraspelt
750 g Rinderhackfleisch
100 g Tomatenmark
1 kleine Dose (425 g) Tomaten
1 TL getrocknete Kräutermischung
Salz und Pfeffer nach Geschmack
500 g Spaghetti oder Tagliatelle

● Das Öl in einem großen Topf erhitzen. Zwiebeln, Speck und Karotte zufügen und bei mittlerer Hitze 5 Minuten rühren.

1 Das Hackfleisch zugeben, mit dem Gabelrücken zerteilen und braten, bis es gut gebräunt ist.

2 Tomatenmark, zerdrückte Tomaten und Kräuter zufügen. Zum Kochen bringen und alles auf mittlerer Stufe 15 Minuten garen. Salzen und pfeffern.

3 Die Nudeln in einem großen Topf mit kochendem Wasser *al dente* garen. Gut abtropfen lassen. Die Sauce auf den Nudeln anrichten und, falls gewünscht, mit Parmesan bestreuen.

TIP
Wer keinen zu kräftigen Kräutergeschmack mag, nimmt etwa 2 EL gehackte frische Kräuter eigener Wahl.

1

2

3

Sauce bolognaise

Zubereitungszeit: 15 Min.
Garzeit: 1 Std. 30 Min.
Für 4–6 Personen

2 EL Olivenöl
2 Knoblauchzehen, zerdrückt
1 große Zwiebel, gehackt
1 mittelgroße Karotte, gehackt
1 Selleriestange, gehackt
500 g Rinderhackfleisch
500 ml Rinderbrühe
375 ml Rotwein
2 kleine Dosen (je 425 g) Tomaten
1 TL Zucker
2 EL frisch gehackte Petersilie
Salz und Pfeffer nach Geschmack
500 g Spaghetti oder Tagliatelle
2 EL frisch geriebener Parmesan zum Garnieren

● Öl in einem großen Topf erhitzen.

1 Knoblauch, Zwiebel, Karotte und Sellerie zufügen und 5 Minuten bei schwacher Hitze goldbraun garen. Umrühren.

2 Auf höchste Stufe stellen. Das Hackfleisch zufügen, mit der Gabel zerteilen und rühren, bis es gut gebräunt ist. Brühe, Wein, zerdrückte Tomaten mit Saft, Zucker und Petersilie zugeben.

3 Die Zutaten zum Kochen bringen. Alles auf mittlerer Stufe offen $1^1/_2$ Stunden köcheln lassen, gelegentlich umrühren. Salzen und pfeffern. Nudeln *al dente* garen. Sauce darüber geben und mit Parmesan bestreuen.

TIP

Kalt paßt die Sauce zu Lasagne. Einen Tag im voraus zubereiten und abgedeckt kühl stellen.

1

2

3

Pesto

Zubereitungszeit: 10 Min.
Garzeit: 3 Min.
Für 4–6 Personen

500 g Tagliatelle oder Fettuccine
40 g Pinienkerne
100 g Basilikumblätter
2 Knoblauchzehen, zerdrückt
1/2 TL Salz
25 g frisch geriebener Parmesan
2 EL frisch geriebener Pecorino
125 ml Olivenöl
schwarzer Pfeffer nach Geschmack

● Nudeln in einem großen Topf mit kochendem Wasser *al dente* garen. Abtropfen lassen und wieder in den Topf geben.

1 Etwa 5 Minuten vor Ende der Garzeit die Pinienkerne in einen schweren Topf geben und bei schwacher Hitze 2–3 Minuten unter Rühren goldbraun anrösten. Abkühlen lassen.

2 Pinienkerne, Basilikumblätter, Knoblauch und Salz in der Küchenmaschine kurz zerkleinern. Die Mischung von den Schüsselwänden streichen.

3 Käse zufügen und kurz zerkleinern. Unter Rühren nach und nach das Öl zufügen, bis eine Paste entstanden ist. Pfeffer zugeben. Die Sauce sorgfältig unter die heißen Nudeln heben.

TIP

Pesto bis zu 1 Woche im voraus zubereiten und luftdicht verschlossen im Kühlschrank aufbewahren.

1 

2 

3 

Schnelle Pasta-Küche

Spaghetti mit Erbsen und Zwiebelchen

Zubereitungszeit: 10 Min.
Garzeit: 15–20 Min.
Für 4–6 Personen

500 g Spaghetti oder Vermicelli
2 Bund kleine, junge Zwiebeln
1 EL Olivenöl
4 Scheiben Schinkenspeck, gehackt
2 TL Mehl
250 ml leichte Hühnerbrühe
125 ml Weißwein
150 g gepalte frische grüne Erbsen
gemahlener schwarzer Pfeffer, nach Geschmack
frische Oreganozweige, zum Garnieren

1 Die Nudeln in einem großen Topf mit sprudelnd kochendem Wasser *al dente* garen. Gut abtropfen lassen und wieder in den Topf geben. Während die Nudeln garen, die äußere Haut und die Enden der Zwiebeln entfernen sowie den größten Teil des Grüns.

2 Das Öl in einem großen, tiefen Topf erhitzen. Gehackten Speck und geputzte Zwiebeln zufügen und bei schwacher Hitze 4 Minuten rühren, bis sie goldbraun sind. Mit dem Mehl bestäuben und noch einmal 1 Minute rühren.

3 Brühe und Wein zugeben, die Hitze erhöhen und alles zum Kochen bringen.

4 Die Erbsen zufügen und 5 Minuten garen, bis sie weich sind. Mit Pfeffer würzen. Die Sauce zu den Nudeln geben und behutsam unterheben. Auf vorgewärmten Tellern servieren, nach Wunsch mit Oreganozweigen garnieren.

TIP

Oregano läßt sich leicht kultivieren und kann im Garten oder im Topf wachsen. Falls frische Erbsen nicht erhältlich sind, Tiefkühl-Erbsen verwenden.
Die jungen Zwiebeln können durch Perlzwiebeln und die Hühnerbrühe durch Gemüsebrühe ersetzt werden.

1

2

3

4

Fettuccine mit Spinat und Prosciutto

Zubereitungszeit: 10 Min.
Garzeit: 10–15 Min.
Für 4–6 Personen

500 g Spinat-Fettuccine oder normale Fettuccine
2 EL Olivenöl
8 dünne Scheiben Prosciutto, gehackt
3 Frühlingszwiebeln, gehackt
500 g Spinat
1 EL Balsamessig
1/2 TL Zucker
Salz und Pfeffer, nach Geschmack
70 g frisch geriebener Parmesan

1 Die Nudeln in einem Topf mit sprudelnd kochendem Wasser *al dente* garen. Abtropfen lassen und wieder in den Topf geben. Während die Nudeln garen, das Öl in einer großen, tiefen Pfanne erhitzen. Schinken und Zwiebeln zufügen und unter gelegentlichem Rühren bei mittlerer Hitze 5 Minuten garen.

2 Den Spinat entstielen, grob hacken und in den Topf geben. Essig und Zucker hineinrühren und den Spinat zugedeckt 1 Minute garen, bis er weich ist. Salzen und pfeffern.

3 Die Sauce zu den Nudeln geben und gut unterheben. Mit Parmesan bestreut sofort servieren.

TIP

Aufbewahrung: Dieses Gericht sollte sofort serviert werden, da der Spinat sich verfärbt wenn er steht.

Variation: Prosciutto durch geräucherten Schinkenspeck ersetzen.

1 

2 

3 

Fettuccine mit Zucchini

Zubereitungszeit: 15 Min.
Garzeit: 15 Min.
Für 4–6 Personen

500 g Tagliatelle oder Fettuccine
60 g Butter
2 Knoblauchzehen, zerdrückt
500 g Zucchini, geraspelt
90 g frisch geriebener Parmesan
250 ml Olivenöl
16 mittelgroße Basilikumblätter

1 Die Nudeln in sprudelnd kochendem Wasser *al dente* garen. Abtropfen lassen und wieder in den Topf geben. Währenddessen die Butter in einem tiefen Topf bei niedriger Temperatur erhitzen. Wenn sie schäumt, den Knoblauch zufügen und 1 Minute garen. Die Zucchini zugeben und 1–2 Minuten unter gelegentlichem Rühren garen, bis sie weich sind.

2 Zucchini und Parmesan zu den Nudeln geben und sorgfältig unterheben.

3 Das Öl in einem kleinen Topf erhitzen und je 2 Basilikumblätter 1 Minute fritieren, bis sie knusprig sind. Mit dem Schaumlöffel zum Trocknen auf Küchenpapier heben. Die Nudeln mit den Basilikumblättern garniert sofort servieren.

TIP
Das Basilikum kann 2 Stunden im voraus fritiert werden. Nach dem Abkühlen in einen luftdichten Behälter geben.

1

2

3

Linguine mit roter Paprikasauce

Zubereitungszeit: 20 Min.
Garzeit: 30 Min.
Für 4–6 Personen

3 mittelgroße rote Paprikaschoten
3 EL Olivenöl
1 große Zwiebel, in Scheiben geschnitten
2 Knoblauchzehen, zerdrückt
$\frac{1}{4}$–$\frac{1}{2}$ TL Chilipulver
125 ml Sahne
Salz und Pfeffer, nach Geschmack
2 EL frischer gehackter Oregano
500 g Linguine oder Spaghetti (einfache oder Spinatnudeln)

1 Die Paprikaschoten halbieren und mit einem Messer Rippen und Kerne entfernen. Die Schoten mit den Schnittseiten nach unten 8 Minuten unter den heißen Grill legen, bis die Haut schwarz ist und Blasen wirft. Mit einem feuchten Küchentuch abdecken und abkühlen lassen. Die Haut abziehen und die Schoten in dünne Streifen schneiden.
2 Das Öl in einem großen Topf erhitzen. Die Zwiebel zufügen und bei schwacher Hitze unter Rühren 8 Minuten garen, bis sie weich ist. Paprikastreifen, Knoblauch, Chilipulver und Sahne zugeben und unter gelegentlichem Rühren 2 Minuten garen. Salz, Pfeffer und gehackten Oregano zufügen.
3 Während die Sauce zubereitet wird, die Nudeln in einem großen Topf mit sprudelnd kochendem Wasser *al dente* garen. Sorgfältig abtropfen lassen und wieder in den Topf geben. Die Sauce zufügen und gut unterheben. Das Gericht auf vorgewärmten Tellern servieren.

TIP
Nimmt man getrockneten Oregano, reicht etwa ein Drittel der angegebenen Menge, da getrocknete Kräuter ein weit kräftigeres Aroma haben.
Variation: Sahne weglassen, um das Paprikaaroma zu intensivieren.

1
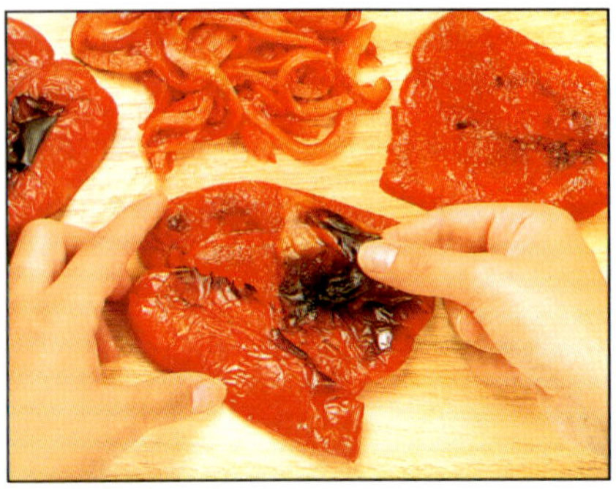
2

3

Fusilli mit grüner Sauce

Zubereitungszeit: 10 Min.
Garzeit: 15 Min.
Für 4–6 Personen

500 g Fusilli
1 mittelgroße Zwiebel
2 mittelgroße Zucchini
5–6 große Mangoldblätter
2 Anchovisfilets
1 EL Kapern
2 EL Olivenöl
50 g Butter
60 ml Weißwein
Salz und Pfeffer, nach Geschmack

1 Die Nudeln in einem großen Topf mit kochendem Wasser *al dente* garen. Abtropfen lassen und wieder in den Topf geben. Während die Nudeln garen, die Zwiebel fein hacken und die Zucchini raspeln. Die Mangoldblätter entstielen und fein hacken. Auch die Anchovisfilets und Kapern fein hacken. Olivenöl und Butter in einem großen, tiefen Topf erhitzen. Zwiebeln und Zucchini zufügen und bei mittlerer Hitze 3 Minuten unter Rühren anbraten.
2 Anchovis, Kapern, Wein, Salz und Pfeffer in den Topf geben und 2 Minuten unter Rühren garen.
3 Die Mangoldblätter zufügen und 1–2 Minuten garen, bis sie weich sind. Die grüne Sauce zu den warmen Nudeln geben und sorgfältig unterheben; auf vorgewärmten Tellern servieren.

TIP
Anchovisfilets (Sardellen) sind in Öl eingelegt oder eingesalzen erhältlich.
Variation: Statt Mangoldblättern 500 g Spinat verwenden.

1

2

3

Oben: Linguine mit roter Paprikasauce
Unten: Fusilli mit grüner Sauce

Salat mit gegrillten Paprikaschoten und Anchovis

Zubereitungszeit: 15 Min.
Garzeit: 25 Min.
Für 4–6 Personen

500 g Penne oder Spiralnudeln
1 kleine rote Zwiebel
2 große rote Paprikaschoten
50 g frische glattblättrige Petersilie
2 Anchovisfilets, ganz oder gehackt
60 ml Olivenöl
2 EL Zitronensaft
Salz und Pfeffer, nach Geschmack

1 Die Nudeln in einem großen Topf mit sprudelnd kochendem Wasser *al dente* garen. Dann sofort abtropfen lassen und mit kaltem Wasser gut abschrecken. Zwiebel abziehen und fein hacken.
2 Die Paprikaschoten halbieren, Kerne und Rippen entfernen. Mit der Schnittseite nach unten 8 Minuten unter den heißen Grill legen, bis die Haut schwarz ist und Blasen wirft. Auf einen Teller heben und mit einem feuchten Küchentuch abdecken. Nach dem Abkühlen die Haut abziehen und das Fleisch in dünne Streifen schneiden.
3 In einer großen Salatschüssel alle Zutaten vermischen. Den Salat gut durchheben und sofort servieren.

TIP

Damit die Nudeln nicht zusammenkleben, sollte man nach dem Abschrecken ein wenig Öl sorgfältig unterheben.
Die Paprikaschoten können am Vortag vorbereitet und abgedeckt im Kühlschrank aufbewahrt werden. Durch Entfernen der Haut nach der beschriebenen Methode erhalten Paprikaschoten einen süßeren Geschmack.

1 

2 

3 

Spaghetti-Tomaten-Salat

Zubereitungszeit: 25 Min.
Garzeit: 15 Min.
Für 4–6 Personen

500 g Spaghettini oder Spaghetti
50 g frische Basilikumblätter
1 Schälchen Kirschtomaten, halbiert
1 Knoblauchzehe, zerdrückt
90 g schwarze Oliven, gehackt
60 ml Olivenöl
1 EL Balsamessig
70 g frisch geriebener Parmesan
Salz und Pfeffer, nach Geschmack

1 Die Nudeln in einem großen Topf mit sprudelnd kochendem Wasser *al dente* garen. Abtropfen lassen und unter fließendem kaltem Wasser abschrecken. Mit einem scharfen Messer die Basilikumblätter in feine Streifen schneiden.

2 In einer Schüssel Basilikum, Tomaten, Knoblauch, Oliven, Öl und Essig vermischen und 15 Minuten ziehen lassen. Die abgetropften Nudeln in eine große Salatschüssel geben und die Tomatenmischung zufügen.

3 Parmesan, Salz und Pfeffer zugeben. Salat durchheben und sofort servieren.

TIP

Aufbewahrung: Die Nudeln können am Vortag gegart werden. Dann abkühlen lassen und etwas Öl untermischen.

1 

2 

3 

Nudelsalat mit sonnengetrockneten Tomaten und Spinat

Zubereitungszeit: 20 Min.
Garzeit: 12 Min.
Für 4–6 Personen

500 g Farfalle oder Spiralnudeln
3 Frühlingszwiebeln
50 g sonnengetrocknete Tomaten, in Streifen geschnitten
500 g Spinat, entstielt und in Streifen geschnitten
40 g geröstete Pinienkerne
1 EL frischer gehackter Oregano

Dressing
60 ml Olivenöl
1 TL frische gehackte Chilischote
1 Knoblauchzehe, gepreßt
Salz und Pfeffer, nach Geschmack

1 Die Nudeln in einem großen Topf mit sprudelnd kochendem Wasser *al dente* garen. Abtropfen lassen und unter kaltem Wasser gut abschrecken. In eine große Salatschüssel geben. Frühlingszwiebeln putzen und fein hacken. Mit Tomaten, Spinat, Pinienkernen und Oregano zu den Nudeln geben.

2 Für das Dressing Öl, Chilischote, Knoblauch, Salz und Pfeffer in einem Glas mit Schraubverschluß gut schütteln.

3 Das Dressing über den Salat gießen und gut unterheben.

1

2

3

Italienisches Omelett

Zubereitungszeit: 20 Min.
Garzeit: 15 Min.
Für 4 Personen

150 g Fusilli
2 EL Olivenöl
1 Zwiebel, feingehackt
125 g Schinken, in Streifen geschnitten
6 Eier
60 ml Milch
Salz und frisch gemahlener schwarzer Pfeffer, nach Geschmack
35 g frisch geriebener Parmesan
2 EL frische gehackte Petersilie
1 EL frisches gehacktes Basilikum
70 g frisch geriebener Cheddar

1 Die Nudeln *al dente* kochen. Die Hälfte des Öls in einer Pfanne erhitzen. Die Zwiebel zufügen und bei schwacher Hitze rühren, bis sie weich ist. Den Schinken in die Pfanne geben und 1 Minute rühren. Auf einen Teller heben.

2 In einer Schüssel Eier, Milch, Salz und Pfeffer verschlagen. Nudeln, Parmesan, Kräuter und Zwiebelmischung hineinrühren.

3 Das restliche Öl in der Pfanne erhitzen und die Eimischung hineingießen. Den Cheddar darüber streuen. Bei mittlerer Hitze garen, bis die Masse an den Rändern stockt. Unter den heißen Grill setzen und fertig garen. Zum Servieren in Achtel schneiden.

1

2

3

Pasta mit Ricotta, Chilischote und Kräutern

Zubereitungszeit: 15 Min.
Garzeit: 20 Min.
Für 4 Personen

500 g Spiralnudeln oder Penne
60 ml Olivenöl
3 Knoblauchzehen, zerdrückt
2 TL frische feingehackte Chilischote
50 g frische glattblättrige Petersilie, grobgehackt
25 g Basilikumblätter, in feine Streifen geschnitten
25 g frische Oreganoblätter, grobgehackt
Salz und Pfeffer, nach Geschmack
200 g Ricotta, gewürfelt

1 Die Nudeln in einem großen Topf mit sprudelnd kochendem Wasser *al dente* garen. Abtropfen lassen und wieder in den Topf geben. Kurz vor Ende der Garzeit das Öl in einer beschichteten schweren Pfanne erhitzen. Knoblauch und Chilischote zufügen und bei schwacher Hitze 1 Minute rühren.

2 Knoblauchmischung, Kräuter, Salz und Pfeffer zu den Nudeln geben und sorgfältig unterheben.

3 Den gewürfelten Ricotta zufügen und sofort servieren.

1

2

3

Fettuccine mit Oliven und Aubergine

Zubereitungszeit: 20 Min.
Garzeit: 20 Min.
Für 4 Personen

500 g Fettuccine oder Tagliatelle
180 g grüne Oliven
1 große Aubergine
2 EL Olivenöl
2 Knoblauchzehen, zerdrückt
125 ml Zitronensaft
Salz und Pfeffer, nach Geschmack
2 EL frische gehackte Petersilie
70 g frisch geriebener Parmesan

1 Die Nudeln in einem großen Topf mit sprudelnd kochendem Wasser *al dente* garen. Abtropfen lassen und wieder in den Topf geben. Während die Nudeln garen, die Oliven hacken und die Aubergine in kleine Würfel schneiden.

2 Das Öl in einer Pfanne erhitzen. Den Knoblauch zufügen und kurz anbraten. Die Aubergine zugeben und bei mittlerer Hitze unter häufigem Rühren 6 Minuten garen, bis sie weich ist.

3 Oliven, Zitronensaft, Salz und Pfeffer in den Topf geben. Die Sauce sorgfältig unter die Nudeln heben. Die Fettuccine auf vorgewärmten Tellern mit Parmesan und Petersilie bestreut servieren.

1 

2 

3 

Spaghetti mit Rauke und Chilischote

Tagliatelle mit Kräutersauce

Pronto Pasta

Spaghetti mit Rauke und Chilischote

In einem großen Topf mit sprudelnd kochendem Wasser 500 g Spaghetti *al dente* garen. Abtropfen lassen und wieder in den Topf geben. 5 Minuten vor Ende der Garzeit 2 EL Olivenöl in einer großen, schweren Pfanne erhitzen. 2 TL gehackte Chilischote zufügen und bei schwacher Hitze1 Minute unter Rühren garen. 3 Bund geputzte Rauke zufügen und 2–3 Minuten garen, bis sie weich ist, dabei regelmäßig umrühren. 1 EL Zitronensaft sowie Salz nach Geschmack zugeben. Die Sauce sorgfältig unter die Nudeln heben, sofort servieren. Für 4–6 Personen.

Spiralnudeln mit Brotsauce

Spiralnudeln mit Brotsauce

In der Küchenmaschine 5 Scheiben Bauernbrot kurz fein zerkrümeln. 500 g Spiralnudeln oder Farfalle in einem großen Topf mit sprudelnd kochendem Wasser *al dente* garen. Abtropfen lassen und warm stellen. Während die Nudeln garen, 60 ml Olivenöl in einer großen, schweren Pfanne bei niedriger Temperatur erhitzen. Brotkrumen und 3 zerdrückte Knoblauchzehen zufügen und 3 Minuten rösten, bis sie knusprig und goldbraun sind. Heiße Nudeln, Brotkrumen, 2 EL feingehackte Petersilie und 70 g frisch geriebenen Pecorino in einer großen Schüssel vermischen. Nach Geschmack salzen und pfeffern. Gut durchheben und sofort servieren, falls gewünscht mit frischen Kräutern garnieren. Für 4–6 Personen.

Muschelnudeln mit Artischocke, Salami und Tomate

Lasagnette mit Spinat-Champignon-Sauce

Lasagnette mit Spinat-Champignon-Sauce

In einem großen Topf mit sprudelnd kochendem Wasser 500 g Lasagnette oder Pappardelle *al dente* garen. Abtropfen lassen und wieder in den Topf geben. Während die Nudeln garen, 2 EL Olivenöl und 60 g Butter in einem Topf bei mittlerer Temperatur erhitzen. 3 gehackte Frühlingszwiebeln und 250 g in Scheiben geschnittene kleine Champignons zufügen und 5 Minuten unter gelegentlichem Rühren garen. 500 g entstielten und in Streifen geschnittenen Spinat zugeben und 2 Minuten garen, bis er gerade weich ist. Nach Geschmack salzen und pfeffern. Die Sauce unter die Nudeln heben. Die Pasta auf Tellern anrichten und mit frisch geriebenem Parmesan garniert sofort servieren. Für 4–6 Personen.

Muschelnudeln mit Artischocke, Salami und Tomate

In einem großen Topf mit sprudelnd kochendem Wasser 500 g Muschelnudeln *al dente* garen. Abtropfen lassen und warm stellen. 2 EL Olivenöl in einer Pfanne erhitzen. 6 Scheiben Salami in Streifen schneiden, in die Pfanne geben und 2 Minuten bei mittlerer Hitze rühren. 10 in Streifen geschnittene sonnengetrocknete Tomaten untermischen. 1 Dose (425 g) Artischockenherzen abtropfen lassen und in Spalten schneiden. Mit schwarzem Pfeffer nach Geschmack sowie mit je 2 EL frischem gehacktem Basilikum und Petersilie in die Pfanne geben und 1 Minute garen. Die Nudeln auf vorgewärmte Teller verteilen und die Sauce darauf geben. Für 4–6 Personen.

Tagliatelle mit Kräutersauce

In einem großen Topf mit sprudelnd kochendem Wasser 500 g Tagliatelle *al dente* garen. Abtropfen lassen und wieder in den Topf geben. Währenddessen 75 g frische Petersilienblätter, 50 g frische Basilikumblätter, 25 g frischen Oregano und 40 g geröstete Pinienkerne kurz in der Küchenmaschine fein zerkleinern. Bei laufendem Motor 125 ml Olivenöl zugeben und kurz untermischen, um eine glatte Paste herzustellen. Mit Salz und Pfeffer würzen. Die Sauce zu den Nudeln geben und gut unterheben. Sofort servieren, falls gewünscht mit frisch gehobeltem Parmesan garnieren. Für 4–6 Personen.

Suppen

Bohnensuppe mit Wurst

Zubereitungszeit: 25 Min.
Garzeit: 25 Min.
Für 4–6 Personen

2 TL Olivenöl
4 italienische Würste, kleingeschnitten
2 mittelgroße Porreestangen, in Scheiben geschnitten
1 Knoblauchzehe, zerdrückt
1 große Karotte, feingewürfelt
2 Selleriestangen, in Scheiben geschnitten
2 EL Mehl
2 Würfel Rinderbrühe, zerkrümelt
2 l heißes Wasser
125 ml Weißwein
125 g kleine Muschelnudeln
1 Dose (440 g) gemischte Bohnen, abgetropft
1 TL gehackte Chilischote
Salz und Pfeffer, nach Geschmack

1 Öl in einem Topf erhitzen und die Wurst bei mittlerer Hitze 5 Minuten goldbraun braten. Aus dem Topf nehmen und auf Küchenpapier abtropfen lassen.
2 Porree, Knoblauch, Karotten und Sellerie in den Topf geben und 2–3 Minuten unter Rühren garen, bis sie weich sind.
3 Mehl zufügen und 1 Minute ununterbrochen rühren. Brühwürfel, Wasser und Wein unterrühren. Aufkochen lassen, dann die Hitze reduzieren und 10 Minuten offfen köcheln lassen.
4 Nudeln, Bohnen und Chilischote in den Topf geben. Die Hitze erhöhen und alles 8–10 Minuten garen, bis die Nudeln weich sind. Die Wurst wieder in den Topf geben. Salzen und pfeffern. Falls gewünscht, mit gehackter frischer Petersilie bestreut servieren.

TIP

Nimmt man getrocknete Bohnen, muß man diese über Nacht in Wasser einweichen. Dann in einem Topf, 3 cm hoch mit Wasser bedeckt, 1 Stunde köcheln lassen. Gut abgetropft zur Suppe geben.

1

2

3

4

Minestrone mit Pesto

Zubereitungszeit: 25 Min.
Garzeit: 30 Min.
Für 4–6 Personen

2 mittelgroße Zwiebeln, gehackt
1 grüne Paprikaschote, Rippen und Kerne entfernt, gehackt
2 Zucchini, in Scheiben geschnitten
1 kleine Aubergine, gehackt
2 große Karotten, gehackt
2 l Wasser
2 Würfel Fleischbrühe, zerkrümelt
150 g Tiefkühl-Erbsen
1 Dose (440 g) Borlotti- oder Kidney-Bohnen, abgetropft
250 g kleine Nudeln
12 g frisch gehackte Petersilie
Salz und Pfeffer, nach Geschmack
2 EL frisch geriebener Parmesan

Pesto
2 Knoblauchzehen, zerdrückt
100 g frische Basilikumblätter
70 g frisch geriebener Parmesan
125 ml Olivenöl

1 Zwiebeln, Paprikaschote, Zucchini, Aubergine und Karotten zu dem heißen Wasser in einen großen, tiefen Topf geben. Die Brühwürfel hinzufügen. Die Zutaten bei hoher Temperatur zum Kochen bringen, die Hitze reduzieren und 20 Minuten köcheln lassen, dabei ab und zu umrühren.
2 Erbsen, Bohnen, Nudeln und Petersilie zugeben. 10 Minuten kochen, bis die Nudeln gerade gar sind. Salzen und pfeffern und mit Pesto servieren. Frisch geriebenen Parmesan darüber streuen.
3 **Für den Pesto** Knoblauch, Basilikum, Käse und Öl in der Küchenmaschine kurz pürieren, bis eine Paste entsteht.

1

2

3

1

2

3

4

Zitronenbrühe mit Tortellini

Zubereitungszeit: 10 Min.
Garzeit: 18 Min.
Für 4–6 Personen

1 Zitrone
125 ml guter Weißwein
1 Dose (440 g) Hühnerconsommé
750 ml Wasser
375 g frische oder trockene Tortellini mit Kalbfleisch- oder Hühnerfleischfüllung
schwarzer Pfeffer, nach Geschmack
15 g frische Petersilie, gehackt
2 EL frisch geriebener Parmesan, nach Wunsch

1 Breite Zesten von der Zitrone abschälen. Den weißen Teil der Schale entfernen. Drei der Zesten in feine Streifen schneiden und zum Garnieren beiseite stellen.
2 Die restlichen Zesten, Weißwein, Consommé und Wasser in einem Topf bei schwacher Hitze 10 Minuten garen. Die Zesten aus dem Topf nehmen und die Mischung zum Kochen bringen.
3 Pfeffer, 2 EL Petersilie und Tortellini in den Topf geben. Die Nudeln *al dente* garen. Mit der restlichen Petersilie und den feinen Zesten garnieren.
4 Falls gewünscht, etwas geriebenen Parmesan darüber streuen.

TIP

Aufbewahrung: Die Brühe kann bis zum Herausnehmen der Zesten am Vortag zubereitet werden. Kurz vor dem Servieren zum Kochen bringen und weiter nach Rezept verfahren.

Kürbis-Pasta-Suppe

Zubereitungszeit: 25 Min.
Garzeit: 18 Min.
Für 4–6 Personen

1 große Zwiebel
700 g Kürbis
2 mittelgroße Kartoffeln
1 EL Olivenöl
30 g Butter
2 Knoblauchzehen, zerdrückt
3 l leichte Hühnerbrühe
125 g kleine Nudeln oder Risoni
1 EL frisch gehackte Petersilie

1 Die Zwiebel fein hacken, Kürbis und Kartoffeln fein würfeln. Öl und Butter in einem Topf erhitzen. Zwiebel und Knoblauch hineingeben und bei schwacher Hitze unter Rühren 5 Minuten garen.

2 Kürbis, Kartoffeln und Hühnerbrühe zugeben. Die Hitze erhöhen und das Gemüse zugedeckt etwa 8 Minuten garen, bis es weich ist.

3 Die Nudeln zufügen und unter gelegentlichem Rühren 5 Minuten garen, bis sie *al dente* sind. Sofort servieren, nach Wunsch mit Petersilie bestreuen.

TIP

In dieser Suppe sehen kleine Sternnudeln hübsch aus.

1 

2 

3 

Erbsensuppe mit Speck

Zubereitungszeit: 20 Min.
Garzeit: 15 Min.
Für 4–6 Personen

1 große Zwiebel
4 Scheiben Schinkenspeck
50 g Butter
1 Selleriestange, feingehackt
2 l Hühnerbrühe
150 g Tiefkühl-Erbsen
250 g Risoni
2 EL frisch gehackte Petersilie
Pfeffer, nach Geschmack

1 Die Zwiebel fein hacken. Schwarte und überschüssiges Fett vom Speck entfernen und ihn in kleine Stücke schneiden.
2 Speck, Butter, Zwiebel und Sellerie in einen Topf geben und 5 Minuten bei schwacher Hitze unter gelegentlichem Rühren garen. Hühnerbrühe und Erbsen zugeben und zugedeckt 5 Minuten köcheln lassen. Die Hitze erhöhen und die Nudeln zufügen. Ohne Deckel 5 Minuten garen, dabei ab und zu umrühren.
3 Kurz vor dem Servieren Petersilie und Pfeffer zufügen.

TIP
Aufbewahrung: Man kann diese Suppe am Vortag zubereiten und kühl stellen.

1

2

3

Pasta und Tomaten

Spaghetti Puttanesca

Zubereitungszeit: 15 Min.
Garzeit: 20 Min.
Für 4–6 Personen

500 g Spaghetti oder Fettuccine
2 EL Olivenöl
3 Knoblauchzehen, zerdrückt
2 EL frisch gehackte Petersilie
1/4–1/2 TL zerstoßene Chilischoten oder Chilipulver
2 kleine Dosen (je 425 g) Tomaten
1 EL Kapern
3 Sardellenfilets, gehackt
40 g schwarze Oliven
schwarzer Pfeffer nach Geschmack

Spaghetti oder Fettuccine in einem großen Topf *al dente* garen.

1 Sofort abtropfen lassen und wieder in den Topf geben.

2 Während die Nudeln kochen, das Öl in einer gußeisernen Pfanne erhitzen. Knoblauch, Petersilie und Chili zufügen und 1 Minute bei mittlerer Hitze rühren.

3 Zerdrückte Tomaten mit Saft zufügen und unterrühren. Auf mittlerer Stufe zugedeckt 5 Minuten köcheln lassen.

4 Kapern, Sardellen und Oliven zugeben und 5 Minuten unter Rühren garen. Schwarzen Pfeffer untermischen. Die Sauce behutsam, aber sorgfältig unter die Nudeln heben. Sofort auf vorgewärmten Tellern servieren.

TIP

Man kann die Tomaten in der Dose mit einer Küchenschere zerteilen.

1

2

3

4

Bucatini in Landsauce

Zubereitungszeit: 20 Min.
Garzeit: 25 Min.
Für 4–6 Personen

2 EL Olivenöl
250 g Champignons
1 mittelgroße Aubergine
2 Knoblauchzehen, zerdrückt
1 große Dose (825 g) Tomaten
500 g Bucatini oder Spaghetti
Salz und Pfeffer, nach Geschmack
4 EL frisch gehackte Petersilie

● Öl in einem schweren Topf erhitzen.
1 Die Pilze mit Küchenpapier sauberreiben und in Scheiben schneiden, die Aubergine in kleine Würfel teilen.
2 Aubergine und Knoblauch in den Topf geben und unter Rühren 4 Minuten garen. Zerdrückte Tomaten mit Saft zufügen und 15 Minuten zugedeckt köcheln lassen. In der Zwischenzeit die Nudeln in einem großen Topf mit kochendem Wasser *al dente* garen. Die Pasta gut abtropfen lassen und wieder in den Topf geben.
3 Die Sauce salzen und pfeffern. Petersilie unterrühren. Die Sauce zu den Nudeln geben und gut unterheben. Sofort auf vorgewärmten Tellern servieren.

TIP

Wenn die Nudeln vor dem Servieren fertig sind, kann man nach dem Abtropfen etwas Olivenöl unterheben, damit sie nicht zusammenkleben.

1

2

3

Rigatoni mit Würstchen und Kidney-Bohnen

Zubereitungszeit: 25 Min.
Garzeit: 30 Min.
Für 4–6 Personen

1 EL Olivenöl
1 große Zwiebel, gehackt
2 Knoblauchzehen, zerdrückt
4 Bratwürste, in Stücke geschnitten
1 große Dose (825 g) Tomaten
1 Dose (425 g) Kidney-Bohnen, abgetropft
2 EL frisch gehacktes Basilikum
1 EL frisch gehackter Salbei
1 EL frisch gehackte Petersilie
Salz und Pfeffer, nach Geschmack
500 g Rigatoni oder Muschelnudeln
25 g frisch geriebener Parmesan, zum Servieren

Öl in einem mittleren Topf erhitzen.

1 Zwiebel, Knoblauch und Würstchen darin unter gelegentlichem Rühren bei mittlerer Hitze 5 Minuten anbraten.

2 Tomaten mit Saft, Bohnen, Basilikum, Salbei, Petersilie, Salz und Pfeffer zufügen. Hitze reduzieren und 20 Minuten köcheln lassen.

3 Nudeln in einem Topf mit kochendem Wasser *al dente* garen. Abtropfen lassen und auf vorgewärmte Teller verteilen. Die Sauce darüber geben. Mit Parmesan bestreuen und sofort servieren.

TIP

Man kann auch getrocknete Bohnen verwenden. Diese über Nacht in Wasser einweichen; mit Wasser bedecken, zum Kochen bringen und 20 Minuten garen.

1 

2 

3 

Penne mit Prosciutto

Zubereitungszeit: 15 Min.
Garzeit: 25 Min.
Für 4–6 Personen

1 mittelgroße Zwiebel
1 große Dose (825 g) Tomaten
1 EL Olivenöl
6 dünne Scheiben Prosciutto (ca. 75 g), feingewürfelt
1 EL frisch gehackter Rosmarin
Salz und Pfeffer, nach Geschmack
500 g Penne oder Makkaroni
50 g frisch geriebener Parmesan, zum Servieren

Zwiebel schälen und fein hacken.
1 Tomaten in der Dose mit einer Schere zerkleinern.
2 Öl in einer mittelgroßen Pfanne erhitzen. Zwiebel und Prosciutto darin unter gelegentlichem Rühren bei schwacher Hitze 5 Minuten goldgelb braten.
3 Rosmarin, Tomaten mit Saft, Salz und Pfeffer zufügen; 10 Minuten köcheln lassen. Unterdessen die Nudeln in einem großen Topf mit kochendem Wasser *al dente* garen. Abtropfen lassen und auf vorgewärmte Teller verteilen. Die Sauce darüber geben. Mit Parmesan bestreuen und sofort servieren.

TIP
Der in der mediterranen Küche weit verbreitete Rosmarin verleiht diesem Gericht ein ganz besonderes Mittelmeer-Aroma.

1

2

3

Rigatoni Amatriciana

Zubereitungszeit: 25 Min.
Garzeit: 20 Min.
Für 4–6 Personen

1 kg reife Tomaten
500 g Rigatoni
1 EL Olivenöl
3 dünne Scheiben Speck oder 6 dünne Scheiben Pancetta, feingewürfelt
1 kleine Zwiebel, sehr fein gehackt
2 TL frisch gehackte Chilischote
Salz und Pfeffer, nach Geschmack

● Tomaten kreuzförmig einschneiden.
1 1–2 Minuten in kochendes Wasser dann in kaltes Wasser legen. Herausnehmen und die Haut an den Einschnitten beginnend abziehen. Die Tomaten grob hacken.
2 Die Rigatoni in einem großen Topf mit kochendem Wasser *al dente* garen. Abtropfen lassen und wieder in den Topf geben. Warm halten.
3 Etwa 6 Minuten bevor die Nudeln gar sind das Öl in einer gußeisernen Pfanne erhitzen. Speck, Zwiebel und Chili zufügen und bei mittlerer Hitze 3 Minuten rühren. Tomaten, Salz und Pfeffer zugeben. Alles auf mittlerer Stufe 3 Minuten köcheln lassen. Die Sauce sorgfältig unter die Nudeln heben.

TIP

Verwenden Sie für dieses Rezept einmal Strauchtomaten, die heute zunehmend auf Märkten und in Gemüsegeschäften angeboten werden. Sie haben festes Fleisch, ein kräftiges Aroma und nur wenige Kerne. Man kann sie für Saucen verwenden, einmachen oder in der Sonne trocknen und erzielt mit ihnen besonders leckere Ergebnisse.

1 

2 

3 

Spaghetti Siracusani

Zubereitungszeit: 15 Min.
Garzeit: 1 Std.
Für 4–6 Personen

1 große grüne Paprikaschote
2 EL Olivenöl
2 Knoblauchzehen, zerdrückt
2 kleine Dosen (je 425 g) Tomaten
125 ml Wasser
2 mittelgroße Zucchini, gehackt
2 Sardellenfilets, gehackt
1 EL Kapern, gehackt
40 g schwarze Oliven, entsteint und halbiert
2 EL frisch gehacktes Basilikum
Salz und Pfeffer, nach Geschmack
500 g Spaghetti oder Linguine
50 g frisch geriebener Parmesan zum Garnieren

● Paprika säubern und putzen.
1 Die Schote in dünne Streifen schneiden. Das Öl in einem großen, tiefen Topf erhitzen und den Knoblauch darin kurz bei schwacher Hitze garen.
2 Paprikastreifen, zerdrückte Tomaten mit Saft, Wasser, Zucchini, Sardellen, Kapern und Oliven zufügen und 20 Minuten garen, gelegentlich umrühren.
3 Basilikum, Salz und Pfeffer in den Topf rühren. Die Nudeln in einem großen Topf mit kochendem Wasser *al dente* garen. Sorgfältig abtropfen lassen und auf vorgewärmte Teller verteilen. Die Sauce darüber schöpfen. Mit Parmesan bestreuen und sofort servieren.

TIP
Die Sauce kann 1 Tag im voraus zubereitet werden.

1

2

3

Tagliatelle mit Tomaten-Walnuß-Sauce

Zubereitungszeit: 20 Min.
Garzeit: 45 Min.
Für 4–6 Personen

4 reife Tomaten
1 mittelgroße Karotte
1 EL Öl
1 mittelgroße Zwiebel, feingehackt
1 Selleriestange, feingehackt
2 EL frisch gehackte Petersilie
1 TL Rotweinessig
60 ml Weißwein
Salz und Pfeffer, nach Geschmack
1 EL Olivenöl
100 g Walnüsse, grobgehackt
500 g Tagliatelle oder Fettuccine
30 g frisch geriebener Parmesan

Die Tomaten unten kreuzförmig einschneiden.

1 1–2 Minuten in kochendes Wasser, dann in kaltes Wasser legen. Die Haut von den Einschnitten aus abziehen. Die Tomaten grob hacken. Die Karotte schälen und raspeln.

2 Das Öl in einem großen, schweren Topf erhitzen. Zwiebel und Sellerie 5 Minuten bei schwacher Hitze darin unter Rühren garen. Tomaten, Karotte, Petersilie sowie den mit Essig vermischten Wein zufügen. Die Hitze reduzieren und alles 25 Minuten köcheln lassen. Nach Geschmack salzen und pfeffern.

3 Die Nudeln in einem großen Topf mit kochendem Wasser *al dente* garen. Abtropfen lassen und wieder in den Topf geben. Die Sauce unter die Nudeln heben. Mit Walnüssen und Parmesan bestreut servieren.

4 Gegen Ende der Garzeit das Olivenöl in einer Pfanne erhitzen und die Walnüsse bei schwacher Hitze 5 Minuten unter Rühren rösten.

1

2

3

4

TIP

Frische Petersilie ist in der Küche immer nützlich und läßt sich leicht im Garten oder in Töpfen ziehen.
Bandnudeln sind in verschiedenen Breiten und Dicken erhältlich und können nach Belieben ausgewählt werden.
In Italien werden für Saucen häufig Strauchtomaten verwendet, die Sie ausprobieren sollten. Sie sind kleiner, aber dafür würziger. Für dieses Gericht brauchen Sie 6–8 Stück.

Spaghetti mit Miesmuscheln in Tomaten-Kräuter-Sauce

Zubereitungszeit: 15 Min.
Garzeit: 30 Min.
Für 4 Personen

1 Zwiebel
$1^{1}/_{2}$ kg Miesmuscheln in der Schale
2 EL Olivenöl
2 Knoblauchzehen, zerdrückt
1 kleine Dose (425 g) Tomaten
250 ml Weißwein
1 EL frisch gehacktes Basilikum
2 EL frisch gehackte Petersilie
Salz und frisch gemahlener schwarzer Pfeffer, nach Geschmack
500 g Spaghetti

● Die Zwiebel abziehen und in dünne Scheiben schneiden.
1 Die Muscheln entbarten und säubern.
2 Das Öl in einem großen Topf erhitzen. Zwiebel und Knoblauch zugeben und bei schwacher Hitze rühren, bis die Zwiebel weich ist. Zerdrückte Tomaten mit Saft, Wein, Basilikum, Petersilie sowie Salz und Pfeffer zufügen und zum Kochen bringen. Die Sauce 15–20 Minuten auf mittlerer Stufe köcheln lassen, bis sie dick wird.
3 Muscheln in den Topf geben und zugedeckt etwa 5 Minuten garen, dabei den Topf ab und zu schütteln. Ungeöffnete Muscheln wegwerfen. Die Spaghetti in einem großen Topf mit kochendem Wasser *al dente* garen. Sofort abtropfen lassen. Sauce mit Muscheln auf den Nudeln servieren.

TIP
Als Beilage knuspriges Brot und knackigen grünen Salat reichen.

1

2

3

Pasta Marinara

Zubereitungszeit: 10 Min.
Garzeit: 20 Min.
Für 4 Personen

250 g grätenfreies Fischfilet
1 großer Kalmarmantel
1 EL Olivenöl
1 Zwiebel, in Scheiben geschnitten
1 Knoblauchzehe, zerdrückt
125 ml Rotwein
2 EL Tomatenmark
1 kleine Dose (425 g) Tomaten
1 EL frisch gehacktes Basilikum
$^{1}/_{4}$ TL getrockneter Oregano
Salz und frisch gemahlener schwarzer Pfeffer, nach Geschmack
150 g mittelgroße Riesengarnelen, geschält und ohne Darm (Schwänze ganz belassen)
125 g Jakobsmuscheln, halbiert
125 g Miesmuschelfleisch (nach Wunsch)
500 g Linguine

● Das Fischfilet in kleine Stücke gleicher Größe schneiden.
1 Den Kalmar in dünne Ringe schneiden. Das Öl in einer großen Pfanne erhitzen. Zwiebel und Knoblauch zufügen und bei schwacher Hitze rühren, bis die Zwiebel weich ist. Wein und Tomatenmark unterrühren und köcheln lassen, bis die Flüssigkeit auf die Hälfte eingekocht ist. Zerdrückte Tomaten mit Saft hineinrühren.
2 Basilikum, Oregano, Salz und Pfeffer zufügen und alles noch einmal 10 Minuten sanft köcheln lassen, dabei gelegentlich umrühren.
3 Vorbereiteten Fisch, Kalmar, Garnelen und Muscheln zufügen und 2–3 Minuten unter Rühren köcheln lassen, bis sie gar sind. Die Nudeln in einem großen Topf mit kochendem Wasser *al dente* garen. Gut abtropfen lassen. Die Sauce auf den Nudeln servieren.

TIP
In manchen Fischgeschäften werden die Zutaten bereits fertig gemischt angeboten. Die Meeresfrüchte nicht zu lange kochen, da sie sonst hart werden.

1

2

3

Spaghetti mit Miesmuscheln in Tomaten-Kräuter-Sauce (oben) und Pasta Marinara

Linguine mit Sardellen, Oliven und Kapern

Zubereitungszeit: 15 Min.
Garzeit: 20 Min.
Für 4 Personen

500 g Linguine
2 EL Olivenöl
2 Knoblauchzehen, zerdrückt
2 Tomaten, abgezogen und gehackt
40 g Kapern
90 g schwarze Oliven, entsteint und gehackt
90 g grüne Oliven, entsteint und gehackt
125 ml trockener Weißwein
2 EL frisch gehackte Petersilie oder Basilikum
frisch gemahlener schwarzer Pfeffer, nach Geschmack
2 Dosen (je 45 g) Sardellenfilets, abgetropft und feingehackt

Die Nudeln in einem großen Topf mit kochendem Wasser *al dente* garen. Gut abtropfen lassen und wieder in den Topf geben. Warm halten.

1 Während die Nudeln kochen, das Öl in einer Pfanne erhitzen. Den Knoblauch zufügen und auf mittlerer Stufe 1 Minute rühren. Tomaten, Kapern und Oliven zugeben und 2 Minuten garen.

2 Wein, Petersilie und Pfeffer unterrühren und alles zum Kochen bringen. Dann auf mittlerer Stufe 5 Minuten köcheln lassen. Vom Herd nehmen.

3 Die Sardellen in den Topf geben. Die Sauce sorgfältig unter die warmen Nudeln heben. Sofort servieren.

TIP

In einer Pfanne etwas Olivenöl erhitzen und darin frische Semmelbrösel und 1 zerdrückte Knoblauchzehe kroß und goldbraun braten. Mit Parmesan über die Nudeln streuen.

1 

2 

3 

Pasta mit Venusmuscheln

Zubereitungszeit: 25 Min.
Garzeit: 20 Min.
Für 4 Personen

500 g kleine Muschelnudeln
2 EL Salz
2 EL Mehl
1 kg Venusmuscheln
1 EL Olivenöl
2 Knoblauchzehen, zerdrückt
2 kleine Dosen (je 425 g) Tomaten
125 ml Rotwein
2 EL frisch gehackte Petersilie
1 TL Zucker
Salz und frisch gemahlener schwarzer Pfeffer, nach Geschmack

● Wasser zum Kochen bringen.
1 Nudeln darin *al dente* garen. Abtropfen lassen und warm halten. Salz und Mehl mit so viel Wasser vermischen, daß eine Paste entsteht. In einen großen Topf mit kaltem Wasser rühren und die Muscheln über Nacht einlegen. So wird der Sand aus den Muscheln ausgeschwemmt. Muscheln gut bürsten, säubern und abtropfen lassen.
2 Öl in einer großen Pfanne erhitzen. Den Knoblauch zufügen und bei schwacher Hitze kurz garen. Die restlichen Zutaten, ausgenommen Muscheln, unterrühren und zum Kochen bringen. Alles auf mittlerer Stufe 5 Minuten köcheln lassen, umrühren.
3 Muscheln zugeben und bei mittlerer Hitze unter gelegentlichem Rühren garen, bis sie geöffnet sind. Ungeöffnete Muscheln wegwerfen. Nudeln mit Muscheln und Sauce servieren.

TIP
Als Ersatz können Sie Mies- oder Jakobsmuscheln verwenden.

1

2

3

Spaghetti mit Chili-Kalmar

Zubereitungszeit: 10 Min.
Garzeit: 15 Min.
Für 4 Personen

500 g Kalmar, gewaschen
500 g Spaghetti
2 EL Olivenöl
1 Porreestange, gehackt
2 Knoblauchzehen, zerdrückt
1–2 TL Chilischote, gehackt
1/2 TL Cayennepfeffer
1 kleine Dose (425 g) Tomaten
125 ml Fischfond
1 EL frisch gehacktes Basilikum
2 TL Salbei
1 TL Majoran

● Die Arme der Kalmare entfernen.
1 Mit den Fingern das Fischbein herausziehen. Die Haut abziehen. Mit einem scharfen Messer die Körper seitlich aufschneiden, flach auf die Arbeitsfläche legen und auf einer Seite rautenförmig einschneiden, dann vierteln.
2 Spaghetti *al dente* garen. Abtropfen lassen und warm stellen. Das Öl in einer großen Pfanne erhitzen. Porree zufügen und 2 Minuten garen. Knoblauch zugeben und bei schwacher Hitze 1 Minute rühren. Chili und Cayennepfeffer unterrühren. Zerdrückte Tomaten, Fond und Kräuter zufügen und alles zum Kochen bringen. Die Hitze reduzieren und die Zutaten 5 Minuten köcheln lassen.
3 Den Kalmar in die Pfanne geben und 5–10 Minuten köcheln lassen, bis er weich ist. Auf den Spaghetti anrichten.

TIP
Zur Zubereitung von Fischfond Gräten und grobgehackte Zwiebel, Staudensellerie und Karotte mit Wasser bedecken und zum Kochen bringen. Auf mittlerer Stufe 30 Minuten köcheln lassen. Durch ein Sieb gießen und sofort verwenden.

1

2

3

Tagliatelle mit Krake

Zubereitungszeit: 15 Min.
Garzeit: 20 Min.
Für 4 Personen

500 g bunte Tagliatelle
1 kg kleine Kraken
2 EL Olivenöl
1 Zwiebel, in Scheiben geschnitten
1 Knoblauchzehe, zerdrückt
1 kleine Dose (425 g) pürierte Tomaten
125 ml trockener Weißwein
1 EL Chilisauce
1 EL frisch gehacktes Basilikum
Salz und frisch gemahlener schwarzer Pfeffer, nach Geschmack

● Die Nudeln in einem großen Topf mit kochendem Wasser *al dente* garen. Abtropfen lassen und warm stellen.

1 Kraken vorbereiten (siehe TIP) und halbieren.

2 Während die Nudeln kochen, das Öl in einer großen Pfanne erhitzen. Zwiebel und Knoblauch zufügen und bei schwacher Hitze unter Rühren weich dünsten. Pürierte Tomaten, Wein, Chilisauce, Basilikum, Salz und Pfeffer zufügen und zum Kochen bringen. Die Hitze reduzieren und alles 10 Minuten köcheln lassen.

3 Vorbereitete Kraken in die Pfanne geben und 5–10 Minuten köcheln lassen, bis sie weich sind. Die Sauce auf den Nudeln anrichten und sofort servieren.

TIP

Zum Vorbereiten der Kraken die Eingeweide mit einem scharfen Messer entfernen. Mit dem Zeigefinger Kauwerkzeuge herausdrücken. Kraken säubern und die Haut abziehen. In 2–3 Stücke schneiden und in ein flaches Gefäß legen.

1 

2 

3 

Pappardelle mit Paprika-Kaninchen

Zubereitungszeit: 20 Min.
Garzeit: 1 Std. 50 Min.
Für 4 Personen

60 ml Olivenöl
1 Kaninchen (etwa 1 kg), zerlegt
2 Scheiben Schinkenspeck ohne Schwarte, in Streifen geschnitten
1 Zwiebel, in Scheiben geschnitten
2 Selleriestangen, gehackt
1 Knoblauchzehe, zerdrückt
2 EL Mehl
1 TL getrockneter Majoran
1 kleine Dose (425 g) Tomaten
125 ml Rotwein
125 ml Wasser
50 g Tomatenmark
Salz und frisch gemahlener schwarzer Pfeffer, nach Geschmack
1 Paprikaschote, entkernt und in Streifen geschnitten
1 Aubergine, geviertelt und in Scheiben geschnitten
500 g Pappardelle
2 EL frisch geriebener Parmesan

● Öl in einer großen Pfanne erhitzen.
1 Kaninchenteile rundum anbraten. Speck, Zwiebel, Sellerie und Knoblauch in die Pfanne geben und bei schwacher Hitze rühren, bis die Zwiebel weich ist.
2 Mehl und Majoran unterrühren und 1 Minute garen. Zerdrückte Tomaten mit Saft, Wein, Wasser, Tomatenmark sowie Salz und Pfeffer untermischen.
3 Den Pfanneninhalt unter ständigem Rühren zum Kochen bringen. Die Hitze reduzieren und die Kaninchenteile wieder zugeben. Abgedeckt 1½ Stunden köcheln lassen, bis das Fleisch weich ist, bei Bedarf Wasser zufügen. Kaninchenteile aus der Sauce nehmen. Das Fleisch von den Knochen lösen.
4 Fleisch mit Paprika und Aubergine in die Sauce geben und 15–20 Minuten köcheln lassen. Etwa 15 Minuten vor Fertigstellung der Sauce die Nudeln *al dente* garen. Gut abtropfen lassen und mit heißer Sauce und Parmesan servieren.

TIP
Dazu grünen Salat oder Karotten, Zucchini und Brokkoli reichen.

1

2

3

4

Spaghetti Pizzaiola

Zubereitungszeit: 15 Min.
Garzeit: 30 Min.
Für 4 Personen

2 EL Olivenöl
2 Knoblauchzehen, zerdrückt
250 g Hackfleisch vom Rind oder Kalb
2 kleine Dosen (je 425 g) Tomaten
125 ml Rotwein
1 EL Kapern, gehackt
1/2 TL getrockneter Majoran
1/2 TL getrocknetes Basilikum
Salz und frisch gemahlener schwarzer Pfeffer, nach Geschmack
2 EL frisch gehackte Petersilie
500 g Spaghetti

● Das Öl in einem mittelgroßen Topf erhitzen. Den Knoblauch zugeben und bei schwacher Hitze 1 Minute rühren.
1 Das Hackfleisch zufügen und gut anbraten, dabei mit einer Gabel zerteilen.
2 Zerdrückte Tomaten mit Saft, Wein, Kapern, Majoran, Basilikum, Salz und Pfeffer in den Topf geben und zum Kochen bringen. Die Hitze reduzieren und alles ohne Deckel 20 Minuten köcheln lassen, bis die Sauce auf die Hälfte eingekocht ist. Die Petersilie unterrühren.
3 Die Nudeln in einem großen Topf mit kochendem Wasser *al dente* garen. Gut abtropfen lassen und wieder in den Topf geben. Mit Sauce mischen und servieren.

TIP
Mit Parmesankäse bestreuen.

1

2

3

Hackfleischbällchen mit Fusilli

Zubereitungszeit: 25 Min.
Garzeit: 35 Min.
Für 4 Personen

1 Zwiebel
750 g Schweine- und Kalbshackfleisch oder Rinderhackfleisch
60 g frische Semmelbrösel
25 g frisch geriebener Parmesan
2 EL frisch gehackte Petersilie
1 Ei, verquirlt
1 Knoblauchzehe, zerdrückt
geriebene Schale und Saft von 1/2 Zitrone
Salz und frisch gemahlener schwarzer Pfeffer, nach Geschmack
25 g Mehl
2 EL Olivenöl
500 g Fusilli oder Spiralnudeln

Sauce
1 kleine Dose (425 g) passierte Tomaten
125 ml Rinderbrühe
125 ml Rotwein
2 EL frisch gehacktes Basilikum
1 Knoblauchzehe, zerdrückt
Salz und frisch gemahlener schwarzer Pfeffer, nach Geschmack

● Die Zwiebel schälen und sehr fein hacken.
1 Hackfleisch, Semmelbrösel, Parmesan, Zwiebel, Petersilie, Ei, Knoblauch, Zitronenschale, Zitronensaft, Salz und Pfeffer in einer großen Schüssel mischen. Mehl mit etwas Salz und Pfeffer würzen. Die Fleischmasse eßlöffelweise zu Kugeln formen und im Mehl wenden.
2 Öl in einer großen Pfanne erhitzen und die Fleischbällchen darin goldbraun braten. Aus der Pfanne nehmen und auf Küchenpapier abtropfen lassen. Beiseite stellen. Bratfett und Fleischsaft abgießen.
Für die Sauce: Tomaten, Brühe, Wein, Basilikum, Knoblauch, Salz und Pfeffer in derselben Pfanne zum Kochen bringen.
3 Hitze reduzieren und die Fleischbällchen in die Sauce geben. 10–15 Minuten köcheln lassen. Unterdessen die Fusilli in einem großen Topf mit kochendem Wasser *al dente* garen. Gut abtropfen lassen. Mit den Fleischbällchen und der Sauce servieren.

1 

2 

3 

Gnocchi mit Tomatensauce

Zubereitungszeit: 35 Min.
Garzeit: 45–50 Minuten
Für 4 Personen

500 g Kartoffeln, geschält und gewürfelt
250 g Mehl, gesiebt
25 g frisch geriebener Parmesan
30 g Butter oder Margarine, zerlassen
Salz und frisch gemahlener schwarzer Pfeffer, nach Geschmack
2 EL frisch geriebener Parmesan, zum Servieren

Tomatensauce
1 kg Tomaten, abgezogen, gewürfelt
2 Knoblauchzehen, zerdrückt
125 ml Rotwein
15 g frisches Basilikum, feingehackt
Salz und frisch gemahlener schwarzer Pfeffer, nach Geschmack

● Kartoffeln in einem Topf mit kochendem Wasser 15–20 Minuten garen.

1 Kartoffeln abgießen und zerstampfen. In eine Schüssel geben. Mehl, Parmesan, Butter, Salz und Pfeffer zufügen. Mit einem Messer zu einem festen Teig verarbeiten. Auf einer leicht bemehlten Arbeitsfläche glattkneten.

2 Je 1 gehäuften TL Teig zu ovalen Gnocchi rollen. Auf einer Seite mit einem Gabelrücken leicht eindrücken. Portionsweise in einem großen Topf mit kochendem Wasser 3–5 Minuten garen (fertige Gnocchi steigen an die Oberfläche). Gut abtropfen lassen. Warm stellen.

3 **Für die Tomatensauce:** Tomaten, Knoblauch, Wein, Basilikum, Salz und Pfeffer in einem Topf zum Kochen bringen. Hitze reduzieren und 15–20 Minuten köcheln lassen. Die Gnocchi unter die Sauce heben. Auf vorgewärmten Tellern mit Parmesan bestreut servieren.

TIP

Für eine Fleischsauce 250 g Rinderhackfleisch in 1 EL Olivenöl anbraten, dann die restlichen Saucenzutaten zufügen.

1 

2 

3 

Rigatoni mit Chorizo und Tomaten

Zubereitungszeit: 15 Min.
Garzeit: 20–25 Min.
Für 4 Personen

1 Zwiebel
250 g Chorizo (italienische Wurst)
2 EL Olivenöl
1 kleine Dose (425 g) Tomaten
125 ml trockener Weißwein
1/2–1 TL Chilischote, gehackt
Salz und frisch gemahlener schwarzer Pfeffer, nach Geschmack
375 g Rigatoni
2 EL frisch gehackte Petersilie
2 EL frisch geriebener Parmesan

● Die Zwiebel abziehen und in Scheiben schneiden.
1 Chorizo in Scheiben schneiden. Öl in einer Pfanne erhitzen. Zwiebel zufügen und bei schwacher Hitze weich garen.
2 Wurst zugeben und 2–3 Minuten braten. Mit zerdrückten Tomaten samt Saft, Wein, Chilischote, Salz und Pfeffer zum Kochen bringen. Auf mittlerer Stufe 15–20 Minuten köcheln lassen.
3 Nudeln *al dente* garen. Abtropfen lassen und wieder in den Topf geben. Sauce mit der Hälfte von Petersilie und Parmesan unterheben. Mit restlicher Petersilie und Parmesan bestreut servieren.

TIP
Anstelle von Chorizo eine andere scharfe Wurstsorte verwenden.

1

2

3

Ziti mit Wurst-Gemüse

Zubereitungszeit: 10 Min.
Garzeit: 35 Min.
Für 4 Personen

1 rote Paprikaschote
1 grüne Paprikaschote
1 Aubergine, in Scheiben geschnitten
60 ml Olivenöl
1 Zwiebel, in Scheiben geschnitten
1 Knoblauchzehe, zerdrückt
250 g Chipolata oder Bratwurst, in Scheiben geschnitten
1 kleine Dose (425 g) Tomaten
125 ml Rotwein
40 g schwarze Oliven, entsteint und halbiert
1 EL frisch gehacktes Basilikum
1 EL frisch gehackte Petersilie
Salz und frisch gemahlener schwarzer Pfeffer, nach Geschmack
500 g Ziti
2 EL frisch geriebener Parmesan

● Paprika säubern und putzen.

1 Die Schoten unter den heißen Grill setzen, bis die Haut schwarz und blasig ist. Mit einem feuchten Geschirrtuch abdecken. Nach dem Abkühlen die Haut abziehen. Das Fleisch hacken.

2 Die Aubergine mit etwas Öl einpinseln und von jeder Seite goldbraun grillen, bei Bedarf noch mit etwas Öl bestreichen. Beiseite stellen.

3 Restliches Öl in einer Pfanne erhitzen. Zwiebel und Knoblauch bei schwacher Hitze weich dünsten. Chipolata zugeben und gut bräunen.

4 Zerdrückte Tomaten mit Saft, Wein, Oliven, Basilikum, Petersilie, Salz und Pfeffer unterrühren und zum Kochen bringen. Alles auf mittlerer Stufe 15 Minuten köcheln lassen. Gemüse zufügen und erhitzen. Während die Sauce zubereitet wird, die Nudeln in einem großen Topf mit kochendem Wasser *al dente* garen. Gut abtropfen lassen und wieder in den Topf geben. Gemüse und Sauce unter die heißen Nudeln heben. Zum Servieren mit Parmesan bestreuen.

1

2

3

4

TIP

Dazu grünen Salat und Brot reichen. Ziti sind Röhrennudeln, die aber auch durch Fettuccine oder Spaghetti ersetzt werden können.

Pasta mit Ochsenschwanz-Sellerie-Schmortopf

Zubereitungszeit: 20 Min.
Back- und Garzeit: 3 Std. 45 Min.
Für 4 Personen

1 1/2 kg Ochsenschwanzscheiben
25 g mit Salz und Pfeffer sowie Kräutern nach Wunsch gewürztes Mehl
4 EL Olivenöl
1 Zwiebel, feingehackt
2 Knoblauchzehen, zerdrückt
500 ml Rinderbrühe
1 kleine Dose (425 g) Tomaten
250 ml trockener Weißwein
6 Gewürznelken
2 Lorbeerblätter
Salz und Pfeffer, nach Geschmack
3 Selleriestangen, feingewürfelt
500 g Penne
30 g Butter oder Margarine
25 g frisch geriebener Parmesan

● Backofen auf 160 °C vorheizen.
1 Ochsenschwanz mit Mehl bestäuben; überschüssiges Mehl abschütteln. 2 EL Öl in einer großen Pfanne erhitzen. Den Ochsenschwanz bei starker Hitze portionsweise anbraten. In eine große Auflaufform geben.
2 Die Pfanne mit Küchenpapier sauber wischen. Das restliche Öl in der Pfanne erhitzen. Zwiebel und Knoblauch darin bei schwacher Hitze glasig dünsten. Brühe, zerdrückte Tomaten mit Saft, Wein, Nelken, Lorbeerblätter, Salz und Pfeffer unterrühren. Zum Kochen bringen. Über den Ochsenschwanz gießen.
3 Abgedeckt 2 1/2–3 Stunden backen. Sellerie darüber streuen. Ohne Deckel weitere 30 Minuten backen. Gegen Ende der Backzeit die Nudeln in einem großen Topf mit kochendem Wasser *al dente* garen. Gut abtropfen lassen. Butter und Parmesan untermischen. Zusammen mit dem Ochsenschwanz und der Sauce servieren.

1

2

3

Spaghetti mit Salami-Paprika-Sauce

Zubereitungszeit: 15 Min.
Garzeit: 55 Min.
Für 4–6 Personen

2 EL Olivenöl
1 große Zwiebel, feingehackt
2 Knoblauchzehen, zerdrückt
150 g pikante Salami, in dünne Streifen geschnitten
2 große rote Paprika, feingewürfelt
1 große Dose (825 g) Tomaten
125 ml trockener Weißwein
1 TL getrocknetes Basilikum
Salz und Pfeffer, nach Geschmack
500 g Spaghetti

● Öl in einer Pfanne erhitzen.
1 Zwiebel, Knoblauch und Salami darin bei mittlerer Hitze unter Rühren 5 Minuten anbraten. Paprika zufügen; abgedeckt 5 Minuten dünsten.
2 Zerdrückte Tomaten mit Saft, Wein und Basilikum zugeben. Zum Kochen bringen und abgedeckt 15 Minuten köcheln lassen. Den Deckel abnehmen, und die Sauce 15 Minuten auf die gewünschte Konsistenz einkochen lassen. Mit Salz und Pfeffer abschmecken.
3 Nudeln in einem großen Topf mit kochendem Wasser *al dente* garen; abtropfen lassen und wieder in den Topf geben. Die Hälfte der Sauce unter die Nudeln mischen. Auf vorgewärmte Teller verteilen, die restliche Sauce darüber geben und servieren.

TIP
Mit frisch geriebenem Parmesan bestreuen.

1 

2 

3 

Nudelsalate

Linguine mit Schinkenspeck und Sesam

Linguine mit Schinkenspeck und Sesam

In einer Salatschüssel 500 g gegarte und abgekühlte Linguine mit 4 dicken Scheiben kroß gebratenem und gehacktem Schinkenspeck, 3 feingehackten hartgekochten Eiern, 50 g frisch geriebenem Parmesan und 50 g geröstetem Sesam vermischen. Nach Geschmack salzen und pfeffern, mit 60 ml Olivenöl beträufeln und sofort servieren. Mit frischen Kräutern garniert servieren. Für 4–6 Personen.

Spaghetti mit Tomaten und Oliven

Spaghetti mit Tomaten und Oliven

In einer Salatschüssel 500 g gegarte und abgekühlte Spaghetti mit zwei feingewürfelten Tomaten, 1 gehackten roten Zwiebel, 90 g Oliven und 50 g frischen Petersilienblättern vermischen. 60 ml Balsamessig, 120 ml Olivenöl sowie Salz und Pfeffer nach Geschmack verrühren und über den Salat geben. Für 4–6 Personen.

Penne mit dicken Bohnen und Artischocken

In einer Salatschüssel 500 g gegarte und abgekühlte Penne mit 400 g blanchierten und geschälten dicken Bohnen, 4 gehackten Frühlingszwiebeln, 6 geviertelten Artischockenherzen, 30 g geriebenem Pecorino und 60 ml Olivenöl vermischen und nach Geschmack salzen und pfeffern. Falls gewünscht, mit frischen Kräutern garniert servieren. Für 4–6 Personen.

Fettuccine mit Hähnchenbrust und Walnüssen

In einer Salatschüssel 500 g gegarte und abgekühlte Fettuccine mit 300 g gekochter und in Streifen geschnittener Hähnchenbrust, 60 g gerösteten Walnüssen, 90 g Oliven, 50 g frischen Basilikumblättern und 60 ml Zitronensaft vermischen und nach Geschmack salzen und pfeffern. Den Salat durchheben und sofort servieren. Für 4–6 Personen.

Penne mit dicken Bohnen und Artischocken

Fettuccine mit Hähnchenbrust und Walnüssen

Farfalle mit Thunfisch
und Kapern

Tagliatelle mit Rucola
und sonnengetrockneten
Tomaten

Tagliatelle mit Rucola und sonnengetrockneten Tomaten

In einer Salatschüssel 500 g gekochte Tagliatelle mit 4–5 Blättern abgezupftem Rucola, 10 gehackten sonnengetrockneten Tomaten, 1 in Scheiben geschnittenen Avocado und einem Dressing aus 120 ml Olivenöl, 60 ml Weißweinessig und 1 EL Senfkörnern vermischen. Den Salat gut durchheben und nach Geschmack salzen und pfeffern. Für 4–6 Personen.

Makkaroni mit Spinat und Schinkenspeck

In einer Schüssel 500 g gekochte kurze Makkaroni mit 100 g in Streifen geschnittenem Spinat, 4 Scheiben kroß gebratenem Schinkenspeck sowie einigen Scheiben in Stückchen geschnittenem Prosciutto-Schinken, 1 gehackten roten Zwiebel und 25 g frisch geriebenem Parmesan vermischen. 120 ml Olivenöl sowie Salz und Pfeffer nach Geschmack zugeben und den Salat gut durchheben. Für 4–6 Personen.

Fusilli mit Artischocken

Farfalle mit Thunfisch und Kapern

In einer Salatschüssel 500 g gekochte Farfalle mit 2 Dosen abgetropftem und zerpflücktem Thunfisch, 200 g feingewürfeltem Mozzarella, 90 g schwarzen Oliven, 80 g abgetropften und in 1 EL Öl gebratenen Kapern, 30 g frisch gehacktem Basilikum, 60 ml Zitronensaft sowie Salz und Pfeffer nach Geschmack vermischen. Gut durchheben und mit Zitronenschale garniert servieren. Für 4–6 Personen.

Fusilli mit Artischocken

Einige Kopfsalatblätter auf einer Platte anrichten. 500 g gekochte Fusilli, 10 geviertelte Artischockenherzen und 8 Scheiben kroß gebratene Pancettastücke darauf geben. Mit Dressing aus 2 gehackten Knoblauchzehen, 60 ml Zitronensaft, 125 ml Olivenöl anmachen. Salzen und pfeffern. Für 4–6 Personen.

Makkaroni mit Spinat
und Schinkenspeck

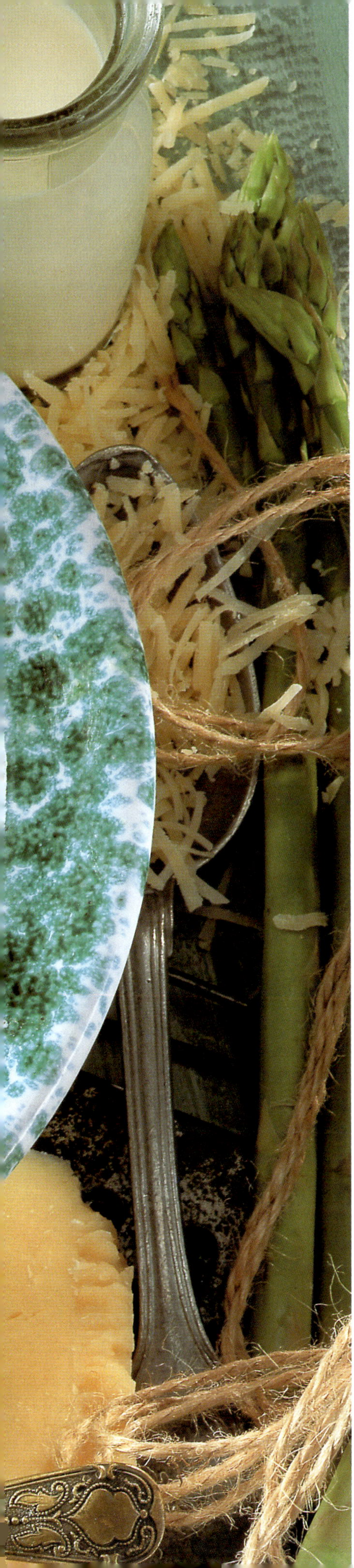

Pasta in Sahnesauce

Tagliatelle mit Spargel und Kräutern

Zubereitungszeit: 15 Min.
Garzeit: 15 Min.
Für 4–6 Personen

500 g Tagliatelle
500 g Spargel, geputzt
40 g Butter
1 EL frisch gehackte Petersilie
1 EL frisch gehacktes Basilikum
300 ml Sahne
Salz und Pfeffer, nach Geschmack
50 g frisch geriebener Parmesan

Die Nudeln in einem großen Topf mit kochendem Wasser *al dente* garen. Abtropfen lassen und wieder in den Topf geben.

1 Den Spargel in kurze Stücke schneiden. Während die Nudeln kochen.

2 Die Butter in einem mittelgroßen Topf erhitzen, Spargel zugeben und bei mittlerer Temperatur 2 Minuten rühren, bis er gerade weich ist.

3 Petersilie, Basilikum, Sahne sowie Salz und Pfeffer nach Geschmack zufügen und 2 Minuten garen.

4 Den Parmesan in den Topf geben und gut unterrühren. Dann die Sauce zu den heißen Nudeln zufügen und die Zutaten behutsam durchheben. Auf vorgewärmten Tellern servieren.

Das Gericht kann auch als Vorspeise für 8 Personen serviert werden.

1

2

3

4

Spaghetti Carbonara

Zubereitungszeit: 10 Min.
Garzeit: 25 Min.
Für 4–6 Personen

8 dicke Scheiben Schinkenspeck, Schwarte entfernt
500 g Spaghetti
4 Eier
50 g frisch geriebener Parmesan
300 ml Sahne
frisch gemahlener schwarzer Pfeffer, nach Geschmack

● Den Schinkenspeck in schmale Streifen schneiden.
1 In einer gußeisernen Pfanne bei mittlerer Hitze kroß braten. Herausnehmen und auf Küchenpapier abtropfen lassen.
2 Die Nudeln *al dente* garen. Abtropfen lassen und wieder in den Topf geben. Beiseite stellen.
3 Während die Nudeln garen, Eier, Parmesan und Sahne in einer Schüssel verschlagen und den Speck zugeben. Die Mischung über die heißen Nudeln gießen und gut unterheben. Den Topf wieder auf den Herd stellen und die Nudeln bei schwacher Hitze 1/2–1 Minute kochen, bis die Sauce dick wird. Mit Pfeffer würzen und sofort servieren, auf Wunsch mit frischen Kräutern garniert.

TIP

Das Gericht sollte am besten unmittelbar vor dem Servieren zubereitet werden.
Die Sauce nicht zu lange kochen, da sie gerinnen kann. Hitze deshalb reduzieren. Bei Elektroherden kann die Platte ganz ausgeschaltet werden.

1

2

3

Fettuccine Alfredo

Zubereitungszeit: 10 Min.
Garzeit: 15 Min.
Für 4–6 Personen

500 g Fettuccine oder Tagliatelle
100 g Butter
150 g frisch geriebener Parmesan
300 ml Sahne
4 EL frisch gehackte Petersilie
Salz und Pfeffer, nach Geschmack

● Nudeln in einem großen Topf *al dente* garen. Abtropfen lassen und wieder in den Topf geben.

1 Während die Nudeln garen, die Butter bei schwacher Hitze in einem mittelgroßen Topf zerlassen. Parmesan und Sahne zufügen und unter Rühren zum Kochen bringen.

2 Petersilie, Salz und Pfeffer hineinrühren.

3 Die Nudeln zufügen und gut durchheben. Sofort servieren.

TIP

Dieses Gericht kann als Vorspeise für 8 Personen serviert werden.
Mit geriebenem Parmesan garnieren.

1 

2 

3 

Penne mit Tomaten-Sahne-Sauce

Zubereitungszeit: 25 Min.
Garzeit: 20 Min.
Für 4–6 Personen

2 Scheiben Schinkenspeck
4 große reife Tomaten
500 g Penne
1 EL Olivenöl
2 Frühlingszwiebeln, in Ringe geschnitten
2 EL frisch gehacktes Basilikum
300 ml Sahne
Salz und Pfeffer, nach Geschmack

Schwarte vom Speck entfernen. Den Speck in kleine Stückchen schneiden.
1 Die Tomaten unten kreuzförmig einritzen. 1–2 Minuten in kochendes Wasser, dann in kaltes Wasser legen. Die Haut von den Einschnitten aus abziehen.
2 Die Tomaten quer halbieren und mit einem Teelöffel die Kerne entfernen. Das Fruchtfleisch fein würfeln. Nudeln in einem großen Topf mit kochendem Wasser *al dente* garen. Abtropfen lassen und warm stellen.
3 Unterdessen das Öl in einer Pfanne erhitzen. Speck und Frühlingszwiebeln darin bei mittlerer Hitze unter gelegentlichem Rühren 5 Minuten anbraten. Basilikum, Sahne, Salz und Pfeffer zufügen und 5 Minuten köcheln lassen. Tomatenwürfel zugeben und 2–3 Minuten erhitzen. Die Nudeln auf vorgewärmte Teller verteilen. Die Sauce darüber geben. Sofort servieren.

TIP
Die Tomaten können 1 Tag im voraus vorbereitet und luftdicht verschlossen im Kühlschrank aufbewahrt werden.

1 

2 

3 

Spaghetti mit Gorgonzola-Sauce

Zubereitungszeit: 10 Min.
Garzeit: 20 Min.
Für 4–6 Personen

375 g Spaghetti oder Bucatini
200 g Gorgonzola
20 g Butter
1 Selleriestange, kleingeschnitten
300 ml Sahne
250 g frischer Ricotta, glattgerührt
frisch gemahlener schwarzer Pfeffer, nach Geschmack

● Nudeln in einem großen Topf mit kochendem Wasser *al dente* garen. Abtropfen lassen und wieder in den Topf geben.
1 Unterdessen den Gorgonzola würfeln.
2 Butter in einer mittelgroßen Pfanne erhitzen. Sellerie darin unter Rühren 2 Minuten garen. Sahne, Ricotta und Gorgonzola unterrühren; abschmecken.
3 Bei schwacher Hitze unter ständigem Rühren zum Kochen bringen und 1 Minute köcheln lassen. Zu den Nudeln geben und gut untermischen.

TIP
Auf Wunsch mit frisch gehackter Petersilie garnieren.

1

2

3

Conchiglie mit Brokkoli und Sardellen

Zubereitungszeit: 15 Min.
Garzeit: 20 Min.
Für 4–6 Personen

500 g kleine Muschelnudeln
450 g Brokkoli
1 EL Öl
1 mittelgroße Zwiebel, gehackt
1 Knoblauchzehe, zerdrückt
3 Sardellenfilets, gehackt
300 ml Sahne
Salz und Pfeffer, nach Geschmack
50 frisch geriebener Parmesan zum Garnieren

Nudeln in einem großen Topf *al dente* garen. Abtropfen lassen und wieder in den Topf geben.

1 Den Brokkoli in kleine Röschen teilen und 1 Minute in einem Topf mit kochendem Wasser kochen. Abtropfen lassen, in kaltem Wasser abschrecken, erneut abtropfen lassen. Beiseite stellen.

2 Das Öl in einer gußeisernen Pfanne erhitzen. Zwiebel, Knoblauch und Sardellenfilets zugeben und bei schwacher Hitze unter häufigem Rühren 3 Minuten garen.

3 Die Sahne zufügen und unter ständigem Rühren zum Kochen bringen. Die Hitze reduzieren und die Sauce 2 Minuten köcheln lassen. Brokkoli zugeben und noch einmal 1 Minute garen. Die Sauce salzen und pfeffern, zu den Nudeln geben und gut unterheben. Mit Parmesan bestreut sofort servieren.

TIP

Beim Unterheben der Sauce darauf achten, daß alle Nudeln damit bedeckt sind. Auf Wunsch können auch andere Nudeln, etwa Makkaroni oder Farfalle, verwendet werden.

Variation: Anstelle von Parmesan frisch geriebenen Pecorino zugeben.

1 

2 

3 

Spinat-Fettuccine in Champignonsauce

Zubereitungszeit: 15 Min.
Garzeit: 25 Min.
Für 4–6 Personen

500 g Spinat-Fettuccine oder normale Fettuccine
300 g kleine Champignons
3 Frühlingszwiebeln
6 Scheiben (50 g) geräucherter Schinken oder Pancetta
40 g Butter
300 ml Sahne
4 EL frisch gehackte Petersilie
Salz und Pfeffer, nach Geschmack

Die Nudeln in einem großen Topf mit kochendem Wasser *al dente* garen. Abtropfen lassen und wieder in den Topf geben.

1 In der Zwischenzeit die Pilze in dünne Scheiben schneiden. Die Frühlingszwiebeln putzen und nach Entfernen des dunkelgrünen Teils fein hacken. Den Schinken in dünne Streifen schneiden.

2 Die Butter in einem mittelgroßen Topf erhitzen. Zwiebeln und Schinken darin bei mittlerer Temperatur 3 Minuten garen. Die Champignons zufügen. Die Hitze herunterschalten. Den Deckel auflegen und auf mittlerer Stufe 5 Minuten garen, dabei gelegentlich umrühren.

3 Sahne, 2 EL Petersilie, Salz und Pfeffer zufügen und 2 Minuten köcheln lassen. Die Sauce sorgfältig unter die Nudeln heben. Sofort auf vorgewärmten Tellern mit der übrigen Petersilie bestreut servieren.

TIP

Die Nudeln nach und nach in das Wasser geben, damit der Kochvorgang nicht unterbrochen wird.
Falls Spinat-Fettuccine nicht erhältlich sind, können andere Pasta-Sorten verwendet werden. Zu dieser Sauce passen sowohl frische als auch getrocknete Nudeln.

1 

2 

3 

Conchiglie mit Brokkoli und Sardellen (oben) und Spinat-Fettuccine in Champignonsauce

PRODOTTO
ITALIANO
OLIO D'OLIVA

Rigatoni in Kürbissauce

Zubereitungszeit: 15 Min.
Garzeit: 25 Min.
Für 4–6 Personen

1 kg Kürbis
2 mittelgroße Porreestangen
40 g Butter
$^1/_2$ TL geriebener Muskat
500 g Rigatoni oder große Penne
300 ml Sahne
60 ml Wasser
40 g geröstete Pinienkerne

● Kürbis schälen, die Kerne entfernen. Das Fleisch in kleine Würfel schneiden.
1 Äußere Blätter und dunkelgrüne Teile des Porrees entfernen. Die Stangen säubern, dann mit einem scharfen Messer in dünne Ringe schneiden.
2 Die Butter bei schwacher Hitze in einem großen Topf zerlassen. Den Porree zufügen und abgedeckt 5 Minuten garen, zwischendurch umrühren. Kürbis und Muskat zugeben und abgedeckt 8 Minuten garen. In der Zwischenzeit die Nudeln in einem großen Topf mit kochendem Wasser *al dente* garen. Abtropfen lassen und warm halten.
3 Sahne und Wasser zum Kürbis geben und die Sauce zum Kochen bringen. Unter gelegentlichem Rühren etwa 8 Minuten garen, bis der Kürbis weich ist. Die Nudeln auf vorgewärmten Serviertellern mit Sauce und mit Pinienkernen bestreut servieren.

TIP

Am besten eignet sich Butternuß- oder Hokaidokürbis.
Zum Rösten der Pinienkerne diese bei schwacher Hitze in einer beschichteten Pfanne rühren, bis sie hell goldbraun sind. Oder auf einem Blech grillen.
Variation: Eine größere Menge Muskat gibt ein kräftigeres Aroma.
Falls gewünscht, können auch kleinere Nudeln verwendet werden.

1

2

3

Spiralnudeln mit Saubohnen-Sauce

Zubereitungszeit: 30 Min.
Garzeit: 25 Min.
Für 4–6 Personen

500 g Spiralnudeln oder Penne
300 g Tiefkühl-Saubohnen
4 Scheiben Schinkenspeck
2 mittelgroße Porreestangen
2 EL Olivenöl
300 ml Sahne
2 TL geriebene Zitronenschale
Salz und Pfeffer, nach Geschmack

● Nudeln in einem großen Topf mit kochendem Wasser *al dente* garen. Abtropfen lassen und wieder in den Topf geben.

1 Unterdessen die Saubohnen in einen mittelgroßen Topf mit kochendem Wasser geben. Sofort wieder herausnehmen und in kaltem Wasser abschrecken. Abgießen und abkühlen lassen. Die äußere Haut entfernen.

2 Schwarte vom Speck entfernen. Den Speck in kleine Würfel schneiden. Die äußeren Blätter vom Porree entfernen. Den Rest gründlich von Sand und Erde säubern. Mit einem scharfen Messer in sehr dünne Ringe schneiden.

3 Öl in einer Pfanne erhitzen. Porree und Speck darin bei mittlerer Hitze unter gelegentlichem Rühren 8 Minuten goldbraun braten. Sahne und Zitronenschale unterrühren. 2 Minuten köcheln lassen. Saubohnen, Salz und Pfeffer zugeben.

4 Sauce zu den Nudeln geben und gut untermischen. Sofort auf vorgewärmten Tellern servieren.

1

2

3

4

TIP

Saubohnen können im voraus gekocht, geschält und abgedeckt im Kühlschrank aufbewahrt werden.

Zum Schälen den oberen Teil der Saubohnen abknipsen und die Bohnen aus der Haut drücken. Da die harte Außenhaut den feinen Geschmack des Gerichts beeinträchtigen würde, ist der zusätzliche Aufwand die Mühe wert.

Statt der tiefgekühlten Bohnen frische Saubohnen verwenden. Sehr junge Bohnen kann man mit Haut verzehren. Ältere Bohnen müssen geschält werden. Nach dem Schälen 15 Minuten garen.

Spaghetti mit Primavera-Sauce

Zubereitungszeit: 25 Min.
Garzeit: 15 Min.
Für 4–6 Personen

500 g Spaghetti oder Fettuccine
1 Bund frischer grüner Spargel
150 g Tiefkühl-Saubohnen
40 g Butter
1 Selleriestange, in Scheiben geschnitten
150 g Tiefkühl-Erbsen
300 ml Sahne
50 g frisch geriebener Parmesan
Salz und Pfeffer, nach Geschmack

● Nudeln in einem Topf mit kochendem Wasser *al dente* garen. Abtropfen lassen und wieder in den Topf geben.

1 Unterdessen den Spargel in kleine Stücke schneiden. Einen mittelgroßen Topf mit Wasser zum Kochen bringen. Den Spargel 2 Minuten blanchieren. Herausnehmen und kalt abschrecken.

2 Saubohnen in einen mittelgroßen Topf mit kochendem Wasser geben. Sofort wieder herausnehmen und kalt abschrecken. Abgießen und abkühlen lassen. Die äußere Haut entfernen.

3 Butter in einer Pfanne erhitzen. Sellerie darin unter Rühren 2 Minuten garen. Erbsen und Sahne zufügen. 3 Minuten köcheln lassen. Spargel, Bohnen, Parmesan, Salz und Pfeffer zugeben. Die Sauce zum Kochen bringen und 1 Minute köcheln lassen. Zu den Nudeln geben. Sofort servieren.

TIP
Auch Porree, Zucchini und Zuckererbsen eignen sich gut.

1

2

3

Spaghetti mit Knoblauch und Miesmuscheln

Zubereitungszeit: 20 Min.
Garzeit: 12 Min.
Für 4 Personen

500 g Spaghetti
$1^1/_2$ kg Miesmuscheln in der Schale
2 EL Olivenöl
2 Knoblauchzehen, zerdrückt
125 ml Weißwein
250 ml Sahne
2 EL frisch gehacktes Basilikum
Salz und frisch gemahlener schwarzer Pfeffer, nach Geschmack

Spaghetti *al dente* garen. Abtropfen lassen und warm halten.

1 Während die Nudeln garen, die Muscheln entbarten und gut säubern. Beiseite stellen. Das Öl in einem großen Topf erhitzen. Den Knoblauch zufügen und bei schwacher Hitze kurz rühren.

2 Wein und Muscheln zufügen und abgedeckt 5 Minuten köcheln lassen. Muscheln herausnehmen.

3 Sahne, Basilikum, Salz und Pfeffer in den Topf geben und 2 Minuten köcheln lassen, gelegentlich umrühren. Spaghetti mit Sauce und Muscheln servieren.

TIP
Reichen Sie als Beilage zu den Spaghetti knuspriges Brot.

1

2

3

Fettuccine mit Garnelen

Zubereitungszeit: 20 Min.
Garzeit: 15 Min.
Für 4 Personen

500 g Fettuccine
500 g rohe Garnelen
30 g Butter oder Margarine
1 EL Olivenöl
6 Frühlingszwiebeln, gehackt
1 Knoblauchzehe, zerdrückt
250 ml Sahne
Salz und frisch gemahlener schwarzer Pfeffer, nach Geschmack
2 EL frisch gehackte Petersilie zum Garnieren

● Fettuccine in einem großen Topf *al dente* garen. Gut abtropfen lassen und wieder in den Topf geben.
1 Während die Nudeln garen, die Garnelen schälen und den Darm entfernen.
2 Butter und Öl in einer Pfanne erhitzen. Frühlingszwiebeln und Knoblauch zufügen und bei schwacher Hitze 2–3 Minuten rühren. Die Garnelen zufügen und 2–3 Minuten garen, bis sie Farbe annehmen. Herausnehmen. Sahne in der Pfanne zum Kochen bringen. Die Hitze reduzieren und köcheln lassen, bis die Sauce dick wird. Die Garnelen wieder in die Pfanne geben, salzen und pfeffern. 1 Minute köcheln lassen.
3 Garnelen und Sauce unter die Nudeln heben. Auf vorgewärmten Tellern mit Petersilie bestreut servieren.

TIP
In Schritt 2 eine entkernte rote Paprikaschote und den hellen Teil einer Porreestange, beides in feine Streifen geschnitten, zufügen.
Anstelle von Garnelen Jakobsmuscheln oder beide Sorten gemischt verwenden.

1

2

3

Farfalle mit Thunfisch, Champignons und Sahne

Zubereitungszeit: 10 Min.
Garzeit: 15 Min.
Für 4 Personen

60 g Butter oder Margarine
1 EL Olivenöl
1 Zwiebel, gehackt
1 Knoblauchzehe, zerdrückt
125 g Champignons, in Scheiben
250 ml Sahne
1 Dose (450 g) Thunfisch, abgetropft und zerpflückt
1 EL Zitronensaft
1 EL frisch gehackte Petersilie
Salz und frisch gemahlener Pfeffer, nach Geschmack
500 g Farfalle

Butter und Öl in einer großen Pfanne erhitzen. Zwiebel und Knoblauch zugeben und bei schwacher Hitze weich dünsten.

1 Die Pilze in die Pfanne geben und 2 Minuten garen. Die Sahne zugießen und zum Kochen bringen. Die Hitze reduzieren und alles auf mittlerer Stufe weiter köcheln lassen, bis die Sauce dick wird.

2 Thunfisch, Zitronensaft, Petersilie, Salz und Pfeffer unter ständigem Rühren behutsam in der Pfanne erhitzen.

3 Farfalle in einem großen Topf *al dente* garen. Gut abtropfen lassen und wieder in den Topf geben. Die Sauce unter die Nudeln heben. Heiß auf vorgewärmten Tellern servieren.

TIP

Als Beilage frischen grünen Salat oder gedünstetes Gemüse reichen.

Variation: Statt Thunfisch kann auch Lachs aus der Dose verwendet werden.

1

2

3

Fettuccine mit Räucherlachs

Zubereitungszeit: 10 Min.
Garzeit: 10 Min.
Für 4 Personen

100 g Räucherlachs
40 g sonnengetrocknete Tomaten
1 EL Olivenöl
1 Knoblauchzehe, zerdrückt
250 ml Sahne
3 EL Schnittlauchröllchen
1/4 TL Senfpulver
Salz und frisch gemahlener schwarzer Pfeffer, nach Geschmack
2 TL Zitronensaft
375 g Fettuccine
2 EL frisch geriebener Parmesan
frische Schnittlauchröllchen, zum Garnieren

● Räucherlachs in Stücke schneiden.
1 Getrocknete Tomaten hacken. Öl in einer Pfanne erhitzen. Knoblauch zufügen und bei schwacher Hitze kurz rühren. Mit Sahne, Schnittlauch, Senfpulver, Salz und Pfeffer zum Kochen bringen. Auf mittlerer Stufe unter Rühren köcheln lassen, bis die Sauce eindickt.
2 Lachs und Zitronensaft unterrühren und behutsam erhitzen. Die Nudeln *al dente* garen. Gut abtropfen lassen und wieder in den Topf geben.
3 Sauce sorgfältig unter die Nudeln heben. Mit sonnengetrockneten Tomaten sowie mit Parmesan und Schnittlauch bestreut servieren.

TIP
Schnittlauch im Garten oder in Töpfen selbst ziehen.

1

2

3

Fettuccine mit Kaviar

Zubereitungszeit: 15 Min.
Garzeit: 15 Min.
Für 4 Personen

2 Eier, hartgekocht
4 Frühlingszwiebeln
250 ml Sauerrahm
50 g roter Kaviar
2 EL frisch gehackter Dill
1 EL Zitronensaft
frisch gemahlener schwarzer Pfeffer, nach Geschmack
500 g Fettuccine

Eier pellen und fein hacken. Frühlingszwiebeln putzen, die dunkelgrünen Teile entfernen und den Rest fein hacken.

1 In einer kleinen Schüssel Sauerrahm, Eier, Frühlingszwiebeln, Kaviar, Dill, Zitronensaft und Pfeffer gut vermischen.

2 Nudeln *al dente* garen. Gut abtropfen lassen und wieder in den Topf geben.

3 Die Kaviarmischung unter die heißen Nudeln heben. Falls gewünscht, mit frischem Dill garniert servieren.

TIP

Grobkörnigen roten Kaviar verwenden. Um Eier hart zu kochen, legt man sie in kaltes Wasser und bringt sie zum Kochen. 5–6 Minuten köcheln lassen und unter fließendem kaltem Wasser abschrecken.

1

2

3

Penne mit Huhn und Champignons

Zubereitungszeit: 30 Min.
Garzeit: 25 Min.
Für 4 Personen

30 g Butter
1 EL Olivenöl
1 Zwiebel, in Ringe geschnitten
1 Knoblauchzehe, zerdrückt
60 g Prosciutto, feingehackt
250 g Hähnchenbrustfilet, in Streifen geschnitten
125 g Champignons, in Scheiben geschnitten
1 Tomate, abgezogen, halbiert und in Scheiben geschnitten
1 EL Tomatenmark
125 ml Weißwein
250 ml Sahne
Salz und Pfeffer, nach Geschmack
500 g Penne
frisch geriebener Parmesan, zum Servieren

● Butter und Öl in einer großen Pfanne erhitzen

1 Zwiebel und Knoblauch bei schwacher Hitze weich dünsten. Prosciutto knusprig braten

2 Hähnchenbruststreifen auf mittlerer Stufe 3 Minuten bräunen. Champignons zugeben. 2 Minuten dünsten. Tomatenscheiben und Tomatenmark einrühren. Wein zuießen und aufkochen. Bei schwacher Hitze köcheln lassen, bis die Sauce auf die Hälfte reduziert ist.

3 Sahne zugießen und mit Salz und Pfeffer abschmecken. Aufkochen lassen. Bei schwacher Hitze köcheln lassen, bis die Sauce eindickt. Unterdessen die Penne in einem großen Topf mit kochendem Salzwasser al dente garen. Abgießen und wieder in den Topf geben. Die Sauce an die Pasta geben und gut vermischen. Mit Parmesan bestreuen und sofort servieren.

1

2

3

Rigatoni mit Wurst und Parmesan

Zubereitungszeit: 15 Min.
Garzeit: 15 Min.
Für 4 Personen

2 EL Olivenöl
1 Zwiebel, in Ringe geschnitten
1 Knoblauchzehe, zerdrückt
500 g italienische Schweinswürstchen oder Salami, in Stücke geschnitten
60 g Champignons, in Scheiben geschnitten
125 ml trockener Weißwein
500 g Rigatoni
250 ml Sahne
2 Eier
50 g frisch geriebener Parmesan, zum Servieren
2 EL frische glattblättrige Petersilie, feingehackt
Salz und Pfeffer, nach Geschmack

● Öl in einer großen Pfanne erhitzen

1 Zwiebel und Knoblauch bei schwacher Hitze weich dünsten. Würstchen und Champignons zugeben und braten, bis die Würstchen gut gebräunt sind. Wein unterrühren und aufkochen. Bei schwacher Hitze köcheln lassen, bis die Flüssigkeit auf die Hälfte reduziert ist.

2 Unterdessen die Rigatoni in einem großen Topf mit kochendem Salzwasser al dente garen. Abgießen und wieder in den Topf geben.

3 In einer Schüssel Sahne, Eier, die Hälfte des Parmesans, Petersilie, Salz und Pfeffer gründlich verrühren. Mit der Wurstmischung an die Pasta geben und vermengen. Mit dem restlichen Parmesan bestreuen und sofort servieren.

TIP

Weinreste können tiefgekühlt aufbewahrt werden und lassen sich gut in Rezepten dieser Art verwenden.

1

2

3

Penne mit Huhn und Champignons (oben) und Rigatoni mit Wurst und Parmesan

Tagliatelle mit Hühnerleber in Sahnesauce

Zubereitungszeit: 20 Min.
Garzeit: 15 Min.
Für 4 Personen

1 Zwiebel
300 g Hühnerleber
2 EL Olivenöl
1 Knoblauchzehe, zerdrückt
250 ml Crème double
1 EL Schnittlauch, feingehackt
1 TL körniger Senf
Salz und frisch gemahlener schwarzer Pfeffer
2 Eier, verquirlt
375 g Tagliatelle
2 EL frisch geriebener Parmesan, zum Garnieren
feingehackter Schnittlauch zusätzlich, zum Garnieren

Zwiebel schälen und fein würfeln.

1 Hühnerleber säubern und in kleine Stücke schneiden.

2 Öl in einer großen Pfanne erhitzen. Zwiebel und Knoblauch hineingeben und langsam glasig dünsten. Hühnerleber in die Pfanne geben. 2–3 Minuten anbraten; vom Herd nehmen. Crème double, Schnittlauch, Senf, Salz und Pfeffer zugeben. Wieder auf die Herdplatte stellen und zum Kochen bringen.

3 Die Eier zugeben und rasch unterrühren. Vom Herd nehmen. Inzwischen die Tagliatelle in einen großen Topf mit sprudelnd kochendem Wasser geben und *al dente* garen. Gut abgießen und zurück in den Topf geben. Die Sauce über die heißen Nudeln gießen und mischen. In vorgewärmten Pastatellern servieren. Mit Parmesan und Schnittlauch bestreuen.

1 

2 

3 

Linguine in sahniger Zitronensauce

Zubereitungszeit: 10 Min.
Garzeit: 20 Min.
Für 4 Personen

400 g frische Linguine oder Spaghetti
300 ml Crème double
250 ml Hühnerbrühe
1 EL geriebene Zitronenschale
Salz und Pfeffer, nach Geschmack
1/4 TL Safranfäden oder Safranpulver

● Die Nudeln in einem Topf mit sprudelnd kochendem Wasser *al dente* garen. Abgießen und warm stellen.

1 Während die Nudeln kochen, Crème double, Hühnerbrühe und Zitronenschale in einer großen Pfanne mischen. Zum Kochen bringen, dabei gelegentlich umrühren.

2 Herunterschalten und 10 Minuten köcheln lassen. Mit Salz und Pfeffer abschmecken. Die gekochten Nudeln zufügen und weitere 2–3 Minuten köcheln lassen.

3 Mit den Safranfäden bestreuen; umrühren und sofort servieren. Mit Zitronenzesten garnieren.

1 

2 

3 

Überbackene Grieß-Gnocchi

Den Backofen auf 180 °C vorheizen und eine $1\frac{1}{2}$ Liter fassende ofenfeste Form ausfetten. In einem mittelgroßen Topf 1 Liter Milch zum Kochen bringen. 250 g feinen Hartweizengrieß hineinrieseln lassen und schlagen, damit keine Klumpen entstehen. Die Masse unter ständigem Rühren 5–8 Minuten garen, bis sie eine glatte, dicke Kugel bildet. 2 Eigelb, 50 g frisch geriebenen Parmesan, 125 ml zerlassene Butter sowie Salz und Pfeffer nach Geschmack untermischen. Die Arbeitsfläche leicht mit Wasser benetzen und die Grießmasse mit einem nassen Spatel etwa 1 cm dick darauf streichen. Mit einem 6 cm großen nassen Ausstecher Kreise ausstechen. Die Hälfte der Gnocchi in die Form legen. 180 g pürierte Tomaten darüber geben und die übrigen Gnocchi darauf verteilen. Mit 50 g frisch geriebenem Parmesan bestreuen und Butterflöckchen darauf setzen. 20–25 Minuten backen, bis die Oberfläche knusprig und goldbraun ist. Mit frischen Basilikumblättern garniert servieren. Für 4–6 Personen.

Spinat-Ricotta-Gnocchi

Überbackene Grieß-Gnocchi

Gnocchi

Spinat-Ricotta-Gnocchi

4 Scheiben Weißbrot ohne Kruste in ein flaches Gefäß legen, mit 125 ml Milch bedecken und 10 Minuten stehen lassen. Überschüssige Milch herausdrücken. 500 g Tiefkühl-Spinat auftauen lassen und ausdrücken. Brot, Spinat, 250 g Ricotta, 3 Eier, 50 g frisch geriebenen Parmesan, $\frac{1}{2}$ TL Muskat sowie Salz und Pfeffer nach Geschmack in der Küchenmaschine kurz vermischen. 1 Stunde kalt stellen. Die Finger dünn mit Mehl überziehen und aus je 1 gehäuften TL Gnocchi-Masse flache Klößchen formen. Je 5 Gnocchi etwa 2 Minuten kochen. Wenn sie oben schwimmen, auf vorgewärmte Teller geben, mit schäumender Butter beträufeln und mit gehobeltem Parmesan und Salbeiblättern garniert servieren. Für 4–6 Personen.

Kartoffel-Gnocchi in Tomaten-Basilikum-Sauce

Muskat-Kürbis-Gnocchi

Kartoffel-Gnocchi in Tomaten-Basilikum-Sauce

In einer Pfanne 1 EL Öl erhitzen. 1 gehackte Zwiebel, 1 gehackte Selleriestange und 2 gehackte Karotten zufügen und 5 Minuten garen; regelmäßig umrühren. Eine große Dose zerdrückte Tomaten mit Saft, 1 TL Zucker sowie Salz und Pfeffer nach Geschmack zufügen. Alles zum Kochen bringen, dann den Pfanneninhalt bei sehr schwacher Hitze 20 Minuten köcheln lassen. In der Küchenmaschine glattpürieren und 30 g gehackte frische Basilikumblätter zufügen. Beiseite stellen. 1 kg mehlige Kartoffeln schälen und in kleine Stücke schneiden. 15 Minuten sehr weich garen. Abtropfen lassen und pürieren. 30 g Butter und 250 g Mehl untermischen. 2 Eier unterschlagen. Abkühlen lassen, dann auf der bemehlten Arbeitsfläche in zwei Portionen zu einer langen Wurst ausrollen. In 3–4 cm große Stücke schneiden und über einen Gabelrücken rollen, um ihnen das typische Aussehen zu verleihen. Die Gnocchi in vier Portionen jeweils etwa 3 Minuten garen, bis sie oben schwimmen. Mit Tomatensauce und frisch geriebenem Parmesan servieren. Für 4–6 Personen.

Muskat-Kürbis-Gnocchi

Den Backofen auf 180 °C vorheizen. Einen Butternußkürbis in große Spalten schneiden, auf ein Blech legen und 1 Stunde im Ofen garen, bis er weich ist. Abkühlen lassen, schälen und in der Küchenmaschine glattpürieren. In eine große Rührschüssel geben. 250 g Mehl, 2 EL frisch geriebenen Parmesan und 1 Ei unterrühren. Mit Klarsichtfolie abdecken und für 1 1/2 Stunden in den Kühlschrank stellen. In einem großen Topf Wasser zum Kochen bringen. Die Kürbismasse in eine große Spritztüte mit Sterntülle füllen. Die Spritztüte über das kochende Wasser halten. Die Masse herausdrücken und mit einer Schere abschneiden. Die Gnocchi direkt in das Wasser fallen lassen und in 4 Portionen etwa 4 Minuten garen, bis sie oben schwimmen. Mit einem Schaumlöffel auf vorgewärmte Servierteller heben. Sofort mit schäumender Butter und frisch geriebenem Muskat bestreut servieren. Mit frischen Oreganozweigen garnieren. Für 4–6 Personen.

Hinweis: Gnocchi so wenig wie möglich anfassen und nicht zu lange kochen, weil sie sonst hart werden. Alle Zutaten gekühlt aufbewahren und die Küche kühl halten.

Gnocchi können in beliebiger Form hergestellt werden. Tiefgefroren halten sie sich etwa 2 Monate. Man gibt sie gefroren in kochendes Wasser und erhöht die Garzeit um 30 Sekunden.

Überbackene und gefüllte Pasta

Basilikum-Tortellini in Speck-Tomaten-Sauce

Zubereitungszeit: 15 Min.
Garzeit: 25 Min.
Für 4 Personen

500 g frische oder getrocknete Basilikum-Tortellini oder Orecchiette
1 EL Olivenöl
4 dicke Scheiben Schinkenspeck, gewürfelt
2 Knoblauchzehen, zerdrückt
1 mittelgroße Zwiebel, gehackt
1 TL Chilischote, gehackt
1 kleine Dose (425 g) Tomaten
125 ml Sahne
2 EL frisch gehacktes Basilikum

● Die Nudeln *al dente* garen. Abtropfen lassen und wieder in den Topf geben.
1 Während die Nudeln garen, das Öl in einer mittelgroßen gußeisernen Pfanne erhitzen. Speck, Knoblauch und Zwiebel zufügen und 5 Minuten bei mittlerer Hitze garen, dabei regelmäßig umrühren.
2 Chilischote und gehackte Tomaten mit Saft zugeben. Die Hitze reduzieren und alles ohne Deckel 10 Minuten köcheln lassen.
3 Sahne und Basilikum zufügen und 1 Minute garen.
4 Die Sauce sorgfältig unter die Nudeln heben, dann sofort servieren.

1

2

3

4

Hähnchen-Ravioli mit Salbei-Butter

Zubereitungszeit: 15 Min.
Garzeit: 10 Min.
Für 4 Personen

500 g frische oder getrocknete Ravioli oder Agnolotti mit Hähnchenfüllung
60 g Butter
4 Frühlingszwiebeln, gehackt
2 EL frisch gehackter Salbei
Salz und Pfeffer, nach Geschmack
50 g frisch geriebener Parmesan
frische Salbeiblätter zum Garnieren

● Wasser zum Kochen bringen.

1 Ravioli darin *al dente* garen. Abtropfen lassen und wieder in den Topf geben.
2 Die Butter in einem schweren Topf zerlassen. Frühlingszwiebeln und Salbei zufügen und 2 Minuten rühren, dann salzen und pfeffern.
3 Sauce behutsam, aber sorgfältig unterheben. Nudeln auf vorgewärmte Servierteller geben und mit Parmesan bestreuen. Mit Salbeiblättern garniert sofort servieren.

1

2

3

Käse-Tortellini in Nuß-Kräutersauce

Zubereitungszeit: 15 Min.
Garzeit: 10 Min.
Für 4–6 Personen

500 g Tortellini oder Ravioli mit Schinken-Käse-Füllung

100 g Walnüsse
60 g Butter
100 g Pinienkerne
2 EL frisch gehackte Petersilie
2 TL frischer Thymian
Salz und Pfeffer nach Geschmack
60 g frischer Ricotta
60 ml Sahne

● Nudeln *al dente* garen. Abtropfen lassen und wieder in den Topf geben.

1 Walnüsse hacken und die Butter in einer gußeisernen Pfanne bei mittlerer Temperatur erhitzen, bis sie schäumt.
2 Walnüsse und Pinienkerne zufügen. 5 Minuten goldbraun rösten. Petersilie, Thymian, Salz und Pfeffer zufügen.
3 Ricotta mit Sahne glattrühren. Nuß-Kräuter-Sauce unter die Nudeln heben und mit einem Klecks Ricotta servieren.

TIP
Statt der Pinienkerne Haselnüsse verwenden.

1 

2 

3 

Cannelloni

Zubereitungszeit: 35 Min.
Back- und Garzeit: 1 Std. 10 Min.
Für 4–6 Personen

Rindfleisch-Spinat-Füllung
1 EL Olivenöl
1 Zwiebel, gehackt
1 Knoblauchzehe, zerdrückt
500 g Rinderhackfleisch
250 g Tiefkühl-Spinat, aufgetaut
50 g Tomatenmark
125 g Ricotta
1 Ei
1/2 TL gemahlener Oregano
Salz und frisch gemahlener schwarzer Pfeffer, nach Geschmack

Béchamelsauce
250 ml Milch
1 Zweig frische Petersilie
5 Pfefferkörner
30 g Butter oder Margarine
1 EL Mehl
125 ml Sahne
Salz und frisch gemahlener schwarzer Pfeffer, nach Geschmack

Tomatensauce
1 kleine Dose (425 g) Tomaten
2 EL frisch gehacktes Basilikum
1 Knoblauchzehe, zerdrückt
1/2 TL Zucker
Salz und frisch gemahlener schwarzer Pfeffer, nach Geschmack

12–15 vorgegarte Cannelloni-Nudeln
60 g frisch geriebener Mozzarella
50 g frisch geriebener Parmesan

● Den Backofen auf 180 °C vorheizen. Eine große, flache Auflaufform dünn einölen und beiseite stellen.

1 Für die Rindfleisch-Spinat-Füllung: Öl in einer Pfanne erhitzen. Zwiebel und Knoblauch zufügen und bei schwacher Hitze garen, bis die Zwiebel weich ist. Das Hackfleisch zugeben und gut bräunen, dabei mit einer Gabel zerteilen. Spinat und Tomatenmark zufügen und 1 Minute rühren. Die Pfanne von der Kochstelle nehmen. In einer kleinen Schüssel Ricotta, Ei, Oregano, Salz und Pfeffer verrühren, dann unter das Hackfleisch mischen. Beiseite stellen.

2 Für die Béchamelsauce: Milch, Petersilie und Pfefferkörner in einem kleinen Topf zum Kochen bringen. Vom Herd nehmen und 10 Minuten stehen lassen. Die Milch durch ein Sieb gießen. Die Butter in einem kleinen Topf zerlassen und das Mehl zufügen. 1 Minute unter Rühren garen, dann von der Kochstelle nehmen. Nach und nach die Milch unterrühren. Die Mischung wieder auf den Herd setzen und bei mittlerer Temperatur unter ständigem Rühren garen, bis sie kocht und dick wird. Die Hitze reduzieren und die Sauce 3 Minuten köcheln lassen. Sahne, Salz und Pfeffer unterrühren.

3 Für die Tomatensauce: Alle Zutaten in einem mittelgroßen Topf verrühren und zum Kochen bringen. Die Hitze reduzieren und die Sauce 5 Minuten köcheln lassen.

4 Fleisch-Spinat-Füllung mit einer Spritztülle oder einem Löffel in die Cannelloni füllen.

5 Etwas Tomatensauce auf dem Boden der vorbereiteten Form verteilen und die Cannelloni hineinlegen.

6 Béchamelsauce und restliche Tomatensauce über die Nudeln geben. Cannelloni mit dem vermischten Käse bestreut 30–35 Minuten goldbraun backen.

TIP

Als Beilage gemischten grünen Salat oder gedünstetes Gemüse wie Brokkoli oder Bohnen reichen.

1 

2 

3 

4

5

6

Gebackene Spaghetti-Frittata

Zubereitungszeit: 15 Min.
Back- und Garzeit: 35 Min.
Für 4 Personen

30 g Butter oder Margarine
125 g Champignons, in Scheiben geschnitten
1 grüne Paprika, ohne Kerne, gewürfelt
125 g Kochschinken, in Streifen geschnitten
75 g Tiefkühl-Erbsen
6 Eier
250 ml Sahne oder Milch
Salz und Pfeffer, nach Geschmack
100 g Spaghetti, gekocht und kleingeschnitten
2 EL frisch gehackte Petersilie
25 g frisch geriebener Parmesan

● Backofen auf 180 °C vorheizen. Eine feuerfeste Form (Ø 23 cm) einfetten.

1 Butter in einer Pfanne zerlassen. Champignons darin bei schwacher Hitze 2–3 Minuten garen.

2 Paprika zufügen; 1 Minute garen. Schinken und Erbsen untermischen. Vom Herd nehmen und leicht abkühlen lassen.

3 Eier, Sahne, Salz und Pfeffer in einer großen Schüssel verquirlen. Spaghetti, Petersilie und Pilzmischung zufügen und unterrühren. Anschließend in die vorbereitete Form geben und mit Parmesan bestreuen. 25–30 Minuten backen und sofort servieren.

1

2

3

1

2

3

4

Meeresfrüchte-Lasagne

Zubereitungszeit: 15 Min.
Back- und Garzeit: 45 Min.
Für 4–6 Personen

- 1 Paket (250 g) Lasagne-Nudeln (ohne Vorkochen)
- 500 g grätenfreies Fischfilet
- 125 g Jakobsmuscheln, geputzt
- 500 g Garnelen, geschält und ohne Darm
- 125 g Butter oder Margarine
- 1 Porreestange, geputzt und in Ringe geschnitten
- 75 g Mehl
- 500 ml Milch
- 500 ml trockener Weißwein
- 125 g frisch geriebener Cheddar
- Salz und Pfeffer, nach Geschmack
- 125 ml Sahne
- 50 g frisch geriebener Parmesan
- 2 EL frisch gehackte Petersilie

Backofen auf 180 °C vorheizen. Den Boden einer flachen Lasagne-Form (etwa 20 cm x 30 cm) mit Lasagne-Platten auslegen (Nudeln ggf. in kleinere Stücke brechen). Beiseite stellen.

1 Fisch und Jakobsmuscheln in Stücke schneiden. Garnelen klein schneiden.

2 Butter in einem großen Topf zerlassen. Porree darin 1 Minute unter Rühren garen. Mehl zufügen und 1 Minute unter Rühren anschwitzen. Nach und nach Milch und Wein zugießen. Bei mittlerer Hitze unter ständigem Rühren aufkochen und eindicken lassen. Hitze reduzieren; 3 Minuten köcheln lassen. Vom Herd nehmen; Cheddar, Salz und Pfeffer unterrühren. Meeresfrüchte zufügen; 1 Minute köcheln lassen. Vom Herd nehmen.

3 Die Hälfte der Sauce auf die Lasagne-Platten geben. Eine weitere Schicht Nudelplatten darauf legen. Den Schichtvorgang noch einmal wiederholen (mit Nudeln abschließen).

4 Sahne darüber geben. Mit Parmesan und Petersilie bestreuen. Ohne Deckel 30 Minuten goldbraun backen.

TIP

Lasagne-Nudeln sind als glatte und als gewellte Platten erhältlich.

1

2

3

4

5

6

Makkaroni-Auberginen-Torte

Zubereitungszeit: 30 Min.
Back- und Garzeit: 1 Std.
Für 4–6 Personen

125 g kurze Makkaroni
2–3 Auberginen, längs in dünne Scheiben geschnitten
Salz
Olivenöl
1 Zwiebel, gehackt
1 Knoblauchzehe, zerdrückt
500 g Hackfleisch vom Schwein, Rind oder Huhn
1 kleine Dose (425 g) Tomaten
2 EL Tomatenmark
Salz und frisch gemahlener schwarzer Pfeffer, nach Geschmack
70 g Tiefkühl-Erbsen
250 g frisch geriebener Mozzarella
60 g frisch geriebener Cheddar
1 Ei, verquirlt
50 g frisch geriebener Parmesan

● Eine tiefe Springform mit 23 cm Durchmesser einfetten oder mit Backpapier auslegen. Die Nudeln in einem großen Topf mit kochendem Wasser *al dente* garen. Abtropfen lassen und beiseite stellen.

1 Die Auberginenscheiben auf Bleche legen, mit Salz bestreuen und 20 Minuten ruhen lassen. Gut säubern und mit Küchenpapier trockentupfen. 2 EL Öl in einer Pfanne erhitzen. Auberginenscheiben portionsweise nebeneinander auf beiden Seiten goldbraun braten. Bei Bedarf mehr Öl zufügen. Auf Küchenpapier abtropfen lassen.

2 In der gleichen Pfanne Zwiebel und Knoblauch bei schwacher Hitze rühren, bis die Zwiebel weich ist. Hackfleisch zufügen und bräunen, dabei mit einem Löffel oder einer Gabel zerteilen. Zerdrückte Tomaten mit Saft, Tomatenmark sowie Salz und Pfeffer zufügen, gut unterrühren und zum Kochen bringen. Alles auf mittlerer Stufe 15–20 Minuten köcheln lassen. Beiseite stellen.

3 In einer Schüssel Erbsen, Nudeln, Mozzarella, Cheddar, Ei und die Hälfte des Parmesans vermischen.

4 Den Backofen auf 180 °C vorheizen. Eine Auberginenscheibe in die Mitte der vorbereiteten Form legen. Drei Viertel der restlichen Scheiben überlappend ergänzen, so daß Boden und Seiten der Form bedeckt sind. Die Hälfte des verbliebenen Parmesans darüber streuen.
5 Fleisch- und Nudelmischung verrühren. Die Füllung vorsichtig in die Form schöpfen und gut festdrücken. Die übrigen Auberginenscheiben überlappend auf die Füllung legen. Den restlichen Parmesan darüber streuen.
6 Die Torte 25–30 Minuten backen, bis sie goldbraun ist. 5 Minuten ruhen lassen, dann auf einer Servierplatte anrichten. Als Beilage dazu grünen Salat reichen.

TIP
Anstelle des Hackfleischs kann auch gehackte italienische Wurst oder in Stückchen geschnittene Hähnchenbrust verwendet werden.
Mit Tomatensauce servieren. Dafür zerdrückte Dosentomaten, etwas Knoblauch, Pfeffer und gehacktes Basilikum köcheln lassen, bis sie eingedickt sind.

1

2

3

4

Conchiglie mit Huhn und Ricotta

Zubereitungszeit: 15 Min.
Back- und Garzeit: 1 Std. 10 Min.
Für 4 Personen

500 g Conchiglie (Muschelnudeln)
2 EL Olivenöl
1 Zwiebel, gehackt
1 Knoblauchzehe, zerdrückt
60 g Prosciutto-Schinken, in Streifen
125 g Champignons, gehackt
250 g Hühnerfleisch, in der Küchenmaschine zerkleinert
2 EL Tomatenmark
1 kleine Dose (425 g) Tomaten
125 ml trockener Weißwein
1 TL getrockneter Oregano
Salz und frisch gemahlener schwarzer Pfeffer, nach Geschmack
250 g Ricotta
250 g frisch geriebener Mozzarella
1 TL frische Schnittlauchröllchen
1 EL frisch gehackte Petersilie
25 g frisch geriebener Parmesan

● Nudeln *al dente* garen.

1 Öl in einer großen Pfanne erhitzen. Zwiebel und Knoblauch zufügen und bei schwacher Hitze garen, bis die Zwiebel weich ist. Prosciutto zugeben und 1 Minute rühren.

2 Pilze in die Pfanne geben und 2 Minuten garen. Das Hühnerfleisch zufügen und bräunen. Mit einer Gabel zerteilen.

3 Tomatenmark, zerdrückte Tomaten mit Saft, Wein, Oregano, Salz und Pfeffer unterrühren und zum Kochen bringen. Die Hitze reduzieren und alles 20 Minuten köcheln lassen.

4 Backofen auf 180 °C vorheizen. Ricotta, Mozzarella, Schnittlauch, Petersilie und die Hälfte des Parmesans mischen. Etwas davon in jede Muschel geben. Etwas Hühnersauce auf den Boden einer ofenfesten Form schöpfen. Die Muscheln darauf setzen. Mit der restlichen Sauce und dem übrigen Parmesan 25–30 Minuten goldbraun backen.

TIP
Mittelgroße Muscheln verwenden.

Kalbfleisch-Tortellini in Spinatsauce

Zubereitungszeit: 15 Min.
Garzeit: 20 Min.
Für 4 Personen

500 g frische oder getrocknete Tortellini mit Kalbfleischfüllung
350 g Tiefkühl-Spinat
60 g Butter
1 mittelgroße Zwiebel, gehackt
1 Knoblauchzehe, zerdrückt
1/2 TL geriebener Muskat
300 ml Sahne
125 ml Hühnerbrühe
Salz und Pfeffer, nach Geschmack
25 g geriebener Pecorinokäse

● Die Nudeln in einen großen Topf mit kochendem Wasser geben.

1 Nudeln *al dente* kochen. Abtropfen lassen und wieder in den Topf geben.

2 Den Spinat auftauen lassen. Die Butter in einem schweren Topf erhitzen und Zwiebel und Knoblauch zufügen. Bei schwacher Hitze 5 Minuten goldbraun garen, dabei regelmäßig rühren.

3 Abgetropften Spinat, Muskat, Sahne und Brühe in den Topf geben und zum Kochen bringen. 3 Minuten köcheln lassen, dann salzen und pfeffern. Die Sauce über die Nudeln geben. Die Nudeln auf vorgewärmten Tellern anrichten. Mit Sauce und mit Pecorino bestreut sofort servieren.

1 

2 

3 

Tortellini mit Pilzsauce

Zubereitungszeit: 25 Min.
Garzeit: 1 Std. 30 Min.
Für 4 Personen

Nudelteig
250 g Mehl
1 Prise Salz
3 Eier
1 EL Olivenöl
1 EL Wasser

Füllung
1 kleines Paket (125 g) Tefkühl-Blattspinat, aufgetaut, ausgedrückt und gehackt
125 g Ricotta
2 EL frisch geriebener Parmesan
1 Ei, verquirlt
Salz und frisch gemahlener schwarzer Pfeffer, nach Geschmack

Sauce
1 EL Olivenöl
1 Knoblauchzehe, zerdrückt
125 g Champignons, in Scheiben geschnitten
250 ml Sahne
25 g frisch geriebener Parmesan
Salz und frisch gemahlener schwarzer Pfeffer, nach Geschmack

● **Für den Nudelteig:** Mehl und Salz auf ein Brett sieben. In die Mitte eine Vertiefung drücken.

1 Eier, Öl und Wasser in einem Meßbecher verquirlen. Langsam zum Mehl geben und mit den Händen unterkneten, bis eine Kugel entsteht. Bei Bedarf noch etwas Wasser zugeben. Auf einer leicht bemehlten Arbeitsfläche 5 Minuten zu einem glatten, elastischen Teig verkneten. Den Teig in eine leicht geölte Schüssel legen. Mit Klarsichtfolie abgedeckt 30 Minuten ruhen lassen.

2 Für die Füllung: Spinat, Ricotta, Parmesan, Ei, Salz und Pfeffer in einer Schüssel mischen. Beiseite stellen.

3 Für die Sauce: Öl in einer Pfanne erhitzen. Knoblauch darin bei schwacher Hitze kurz garen. Champignons zufügen und 3 Minuten garen. Sahne zugießen. Beiseite stellen.

4 Den Teig auf einer leicht bemehlten Arbeitsfläche etwa 1 mm dick ausrollen. Mit einem bemehlten Ausstecher 5 cm große Kreise ausstechen. Je 1/2 TL Füllung in die Mitte der Kreise setzen. Die Kreise am Rand mit etwas Wasser bestreichen und zu Halbkreisen zusammenfalten. Die Ränder fest zusammendrücken. Die Halbkreise um die Fingerspitze wickeln, so daß ein Ring entsteht. Die Teigenden fest zusammendrücken.

5 Die Tortellini portionsweise in einem großen Topf mit kochendem Wasser 8 Minuten *al dente* garen. Gut abtropfen lassen und wieder in den Topf geben. Warm stellen.

6 Die Sauce bei mittlerer Hitze zum Kochen bringen. Hitze reduzieren und 3 Minuten köcheln lassen. Parmesan, Salz und Pfeffer unterrühren. Zu den Tortellini geben und gut untermischen. Die Tortellini mit der Sauce auf vorgewärmten Tellern verteilen.

TIP
Mit etwas frisch geriebenem Parmesan und frisch gehackter Petersilie bestreut servieren.
Als Beilage gedünstetes Gemüse (z. B. Karotten- und Zucchinischeiben) reichen. Alternativ mit einem Salat nach Wunsch servieren.
Frisch gemachte Tortellini und Ravioli sind die zusätzliche Mühe und Zeit wert – das Ergebnis ist köstlich.

1

2

3

4 

5 

6 

Makkaroni-Käse-Auflauf

Zubereitungszeit: 15 Min.
Back- und Garzeit: 35 Min.
Für 4 Personen

500 ml Milch
250 ml Sahne
1 Lorbeerblatt
1 Gewürznelke
1/2 Zimtstange
60 g Butter oder Margarine
2 EL Mehl
250 g frisch geriebener Cheddar
50 g frisch geriebener Parmesan
Salz und Pfeffer, nach Geschmack
375 g kurze Makkaroni
60 g frische Semmelbrösel
2 Scheiben Schinkenspeck, ohne Schwarte, gewürfelt und gebraten

● Backofen auf 180 °C vorheizen.

1 Milch, Sahne, Lorbeerblatt, Nelke und Zimtstange in einem mittelgroßen Topf zum Kochen bringen. Vom Herd nehmen. 10 Minuten ziehen lassen. Durch ein Sieb gießen.

2 Butter in einem mittelgroßen Topf zerlassen. Mehl darin bei schwacher Hitze 1 Minute anschwitzen. Vom Herd nehmen. Nach und nach die Milch-Sahne-Mischung einrühren. Wieder auf den Herd stellen. Unter ständigem Rühren aufkochen und eindicken lassen. Hitze reduzieren; 3 Minuten köcheln lassen. Vom Herd nehmen. 125 g Cheddar, 25 g Parmesan, Salz und Pfeffer unterrühren. Beiseite stellen.

3 Makkaroni in einem großen Topf mit kochendem Wasser *al dente* garen. Gut abtropfen lassen und wieder in den Topf geben. Die Sauce untermischen. In eine Auflaufform füllen. Semmelbrösel, Speck sowie restlichen Cheddar und Parmesan mischen. Über den Auflauf streuen. 15–20 Minuten goldbraun backen. Servieren.

TIP

Gekochte Hähnchenfleischwürfel zur Käsesauce zufügen.

1

2

3

Pastitsio

Zubereitungszeit: 20 Min.
Back- und Garzeit: 1 Std.
Für 4–6 Personen

250 g Spaghetti
250 g Ricotta
60 g Prosciutto, feingewürfelt
1 Ei, verquirlt
1 EL frisch geriebener Parmesan
1/4 TL geriebener Muskat
Salz und Pfeffer, nach Geschmack

Fleischsauce
2 EL Olivenöl
1 Zwiebel, gehackt
1 Knoblauchzehe, zerdrückt
500 g Rinderhackfleisch
1 kleine Dose (425 g) Tomaten
125 ml Rotwein
125 ml Rinderbrühe
2 EL Tomatenmark
2 EL frisch gehackte Petersilie
1/2 TL gemahlener Oregano
Salz und Pfeffer, nach Geschmack

Käsesauce
60 g Butter oder Margarine
30 g Mehl
375 ml Milch
250 ml Sahne
2 Eier, verquirlt
125 g frisch geriebener Cheddar
1/4 TL gemahlener Muskat
Salz und Pfeffer, nach Geschmack
15 g frische Semmelbrösel
25 g frisch geriebener Parmesan

Backofen auf 180 °C vorheizen. Eine feuerfeste Form (28 cm x 20 cm) einölen.

1 Spaghetti in einem großen Topf mit kochendem Wasser *al dente* garen; gut abtropfen lassen. Leicht abkühlen lassen; wieder in den Topf geben. Ricotta, Prosciutto, Ei, Parmesan, Muskat, Salz und Pfeffer unterrühren. In die vorbereitete Form drücken. Beiseite stellen.

2 **Für die Fleischsauce:** Das Öl in einer großen, schweren Pfanne erhitzen. Zwiebel und Knoblauch darin bei schwacher Hitze glasig dünsten. Hackfleisch zufügen und mit einer Gabel in Stücke zerteilen. Gut anbraten. Zerdrückte Tomaten mit Saft, Wein, Brühe, Tomatenmark, Petersilie, Oregano, Salz und Pfeffer unterrühren. Alles zum Kochen bringen. Dann die Hitze reduzieren und ohne Deckel 20 Minuten köcheln lassen. Über die Nudeln geben und beiseite stellen.

3 **Für die Käsesauce:** Butter in einem mittelgroßen Topf zerlassen. Mehl darin 1 Minute unter Rühren anschwitzen. Vom Herd nehmen. Nach und nach Milch und Sahne einrühren. Wieder auf den Herd stellen. Unter ständigem Rühren aufkochen und eindicken lassen. Hitze reduzieren; 3 Minuten köcheln lassen. Vom Herd nehmen. Eier, Cheddar, Muskat, Salz und Pfeffer unterrühren. Über die Fleischsauce geben. Semmelbrösel und Parmesan mischen und über den Auflauf streuen. 20–25 Minuten backen.

1

2

3

Ravioli

Zubereitungszeit: 45 Minuten
+ 30 Minuten Ruhezeit
Garzeit: 1 Std. 45 Min.
Für 4 Personen

Nudelteig
250 g Mehl
1 Prise Salz
3 Eier
1 EL Olivenöl
5 EL Wasser
1 Eigelb

Füllung
125 g Hühnerfleisch, in der Küchenmaschine zerkleinert
75 g Ricotta oder Hüttenkäse
60 g Hähnchenleber, gesäubert und kleingeschnitten
30 g Prosciutto, kleingeschnitten
1 Scheibe Salami, kleingeschnitten
2 EL frisch geriebener Parmesan
1 Ei, verquirlt
1 EL frisch gehackte Petersilie
1 Knoblauchzehe, zerdrückt
1/4 TL Gewürzmischung
Salz und frisch gemahlener schwarzer Pfeffer, nach Geschmack

Tomatensauce
2 EL Olivenöl
1 Zwiebel, feingehackt
2 Knoblauchzehen, zerdrückt
2 kleine Dosen (je 425 g) Tomaten
15 g frisches Basilikum, gehackt
1/2 TL italienische Kräutermischung
Salz und frisch gemahlener schwarzer Pfeffer, nach Geschmack
frische Kräuterzweige, zum Garnieren

● **Für den Nudelteig:** Mehl und Salz auf ein Brett sieben. In die Mitte eine Vertiefung drücken.

1 Eier, Öl und 1 EL Wasser in einer Schüssel verquirlen. Langsam zum Mehl geben und mit den Händen unterkneten, bis eine Kugel entsteht. Auf einer leicht bemehlten Arbeitsfläche 5 Minuten zu einem glatten, elastischen Teig verkneten. Den Teig in eine leicht geölte Schüssel legen. Mit Klarsichtfolie abdecken. 30 Minuten ruhen lassen.

2 Für die Füllung: Alle Zutaten in der Küchenmaschine zerkleinern. Beiseite stellen.

3 Für die Tomatensauce: Öl in einem mittelgroßen Topf erhitzen. Zwiebel und Knoblauch darin bei schwacher Hitze glasig dünsten. Die Hitze erhöhen. Zerdrückte Tomaten mit Saft, Basilikum, Kräuter, Salz und Pfeffer unterrühren. Zum Kochen bringen. Hitze reduzieren und 15 Minuten köcheln lassen. Vom Herd nehmen.

4 Die Hälfte des Teigs 1 mm dick ausrollen. Mit einem Messer oder Teigrädchen in 10 cm breite Streifen schneiden. Die Füllung teelöffelweise mit je 5 cm Abstand längs auf eine Hälfte der Streifen setzen. Eigelb und 4 EL Wasser verquirlen. Den Teig am Rand und zwischen den Füllungen damit bestreichen. Den Teig über die Füllung falten. Mit dem restlichen Teig und der restlichen Füllung ebenso verfahren.

5 Die Teigränder fest zusammendrücken. Zwischen den Füllungen mit einem Messer oder Teigrädchen durchschneiden.

6 Ravioli portionsweise in einem großen Topf mit kochendem Wasser 10 Minuten garen. Die Tomatensauce in einem großen Topf erhitzen. Die gekochten Ravioli zufügen und gut untermischen. Unter Rühren 5 Minuten köcheln lassen. Auf Wunsch mit frischen Kräutern garnieren.

TIP
Dazu knuspriges Brot und einen leichten Salat reichen.

1

2

3

4

5

6

Cannelloni Milanese

Zubereitungszeit: 20 Min.
Back- und Garzeit: 1 Std. 50 Min.
Für 4 Personen

500 g Hackfleisch vom Schwein oder Kalb
60 g Semmelbrösel
50 g frisch geriebener Parmesan
2 Eier, verquirlt
1 TL getrockneter Oregano
Salz und frisch gemahlener schwarzer Pfeffer, nach Geschmack
12–15 Cannelloni-Nudeln
375 g frischer Ricotta
50 g frisch geriebener Parmesan
60 g frisch geriebener Cheddar

Tomatensauce
1 kleine Dose (425 g) Tomatenpüree
1 kleine Dose (425 g) Tomaten
2 Knoblauchzehen, zerdrückt
4 EL frisch gehacktes Basilikum
frisch gemahlener schwarzer Pfeffer, nach Geschmack

● Backofen auf 180 °C vorheizen. Eine rechteckige ofenfeste Form einfetten.
1 In einer mittelgroßen Schüssel Hackfleisch, Semmelbrösel, Parmesan, Eier, Oregano sowie Salz und Pfeffer mischen und mit einem Teelöffel in die Cannelloni-Nudeln füllen.
2 **Für die Tomatensauce:** Tomatenpüree, zerdrückte Tomaten mit Saft und Knoblauch in einem mittelgroßen Topf zum Kochen bringen. Die Hitze reduzieren und alles 15 Minuten köcheln lassen. Basilikum und Pfeffer unterrühren.
3 Die Hälfte der Tomatensauce auf dem Boden der Form verteilen.
4 Die gefüllten Cannelloni darauf setzen und mit der übrigen Tomatensauce bedecken. Mit Ricotta bestreichen. Parmesan und Cheddar vermischen und darüber streuen. 1 Stunde abgedeckt in den Ofen stellen. Die Abdeckung entfernen und weitere 15 Minuten goldbraun backen. Das Gericht in Quadrate geschnitten servieren.

TIP
Grünen Salat dazu reichen. Mit Tomatenvierteln und frischen Kräutern garnieren.

1

2

3

4

Überbackene Fettuccine

Zubereitungszeit: 20 Min.
Back- und Garzeit: 25 Min.
Für 4 Personen

500 g Spinat-Fettuccine
60 g Butter oder Margarine
1 Zwiebel, feingehackt
300 ml Sauerrahm
250 ml Sahne
1/4 TL geriebener Muskat
50 g frisch geriebener Parmesan
Salz und frisch gemahlener schwarzer Pfeffer, nach Geschmack
250 g frisch geriebener Mozzarella

● Den Backofen auf 180 °C vorheizen.
1 Die Fettuccine in einem großen Topf mit kochendem Wasser *al dente* garen. Gut abtropfen lassen und beiseite stellen. In der Zwischenzeit die Butter in einem großen Topf zerlassen. Die Zwiebel hineingeben und bei schwacher Hitze rühren. Fettuccine in den Topf geben.
2 Den Sauerrahm zufügen und gut unterheben. Die Zutaten köcheln lassen und rühren, bis die Nudeln überzogen sind.
3 Sahne, Muskat, 25 g Parmesan sowie Salz und Pfeffer unterrühren. Die Mischung in eine gefettete, ofenfeste Form geben. Mozzarella und restlichen Parmesan darüber streuen. 15 Minuten backen, bis der Käse geschmolzen und goldbraun ist.

TIP
Mit gemischtem Salat servieren.

1 

2 

3 

1

2

3

4

5

6

Klassische Lasagne

Zubereitungszeit: 25 Min.
Back- und Garzeit: 1 Std. 15 Min.
Für 4–6 Personen

1 Paket (250 g) Lasagne-Platten (ohne Vorkochen)
75 g frisch geriebener Mozzarella
75 g frisch geriebener Cheddar
125 ml Sahne
25 g frisch geriebener Parmesan

Käsesauce
60 g Butter oder Margarine
40 g Mehl
500 ml Milch
125 g frisch geriebener Cheddar
Salz und frisch gemahlener schwarzer Pfeffer, nach Geschmack

Fleischsauce
1 EL Olivenöl
1 Zwiebel, feingehackt
1 Knoblauchzehe, zerdrückt
500 g Rinderhackfleisch
2 kleine Dosen (je 425 g) Tomaten
4 EL Rotwein
1/2 TL gemahlener Oregano
1/4 TL gemahlenes Basilikum
Salz und frisch gemahlener schwarzer Pfeffer, nach Geschmack

● Backofen auf 180 °C vorheizen.
1 Eine Auflaufform (etwa 24 cm x 30 cm) mit zerlassener Butter oder Öl ausstreichen. Den Boden der Form mit Lasagne-Platten auslegen (Nudeln ggf. in kleinere Stücke brechen). Beiseite stellen.
2 **Für die Käsesauce:** Butter in einem mittelgroßen Topf zerlassen. Mehl darin 1 Minute unter Rühren anschwitzen. Vom Herd nehmen. Nach und nach die Milch einrühren. Wieder auf den Herd stellen. Bei mittlerer Hitze unter ständigem Rühren aufkochen und eindicken lassen. Herunterschalten; 3 Minuten köcheln lassen. Vom Herd nehmen; Cheddar, Salz und Pfeffer gut unterrühren und anschließend beiseite stellen.
3 **Für die Fleischsauce:** Öl in einer großen Pfanne erhitzen. Zwiebel und Knoblauch darin bei schwacher Hitze glasig dünsten. Hackfleisch zufügen und

mit einer Gabel in Stücke zerteilen. Gut anbraten. Die zerdrückten Tomaten mit Saft, Wein, Oregano, Basilikum, Salz und Pfeffer unterrühren. Zum Kochen bringen. Die Hitze reduzieren und anschließend 20 Minuten köcheln lassen.

4 Ein Drittel der Fleischsauce auf den Lasagne-Platten verteilen. Ein Drittel der Käsesauce darüber geben. Eine Schicht Nudelplatten darauf legen.

5 Den Schichtvorgang zweimal wiederholen (mit Nudeln abschließen). Mit Mozzarella und Cheddar bestreuen.

6 Sahne darüber geben. Mit Parmesan bestreuen. 35–40 Minuten goldbraun backen.

TIP

Käsesauce ist eine Variante der Béchamelsauce. Für eine Béchamelsauce wird die Milch mit Gewürzen (z. B. Lorbeer, Gewürznelken, Pfefferkörnern, Petersilienzweigen oder einer Zimtstange) aromatisiert. Die Milch dafür mit einem oder mehreren Gewürzen kurz aufkochen und 10 Minuten stehen lassen. Durch ein Sieb gießen. Damit sich keine Haut bildet, die Oberfläche bis zur Verwendung mit Klarsichtfolie abdecken. Die Saucen lassen sich einfacher einschichten, wenn sie bereits abgekühlt sind.

Pasta-Spinat-Timbalen

Zubereitungszeit: 15 Min.
Back- und Garzeit: 35 Min.
Für 6 Personen

30 g Butter oder Margarine
1 EL Olivenöl
1 Zwiebel, gehackt
500 g Spinat, gegart und abgetropft
8 Eier, verquirlt
250 ml Sahne
100 g Spaghetti oder Tagliolini, gekocht
50 g frisch geriebener Cheddar
50 g frisch geriebener Parmesan
Salz und frisch gemahlener schwarzer Pfeffer, nach Geschmack

Backofen auf 180 °C vorheizen. 6 ofenfeste 250 ml-Förmchen mit zerlassener Butter oder Öl auspinseln. Die Böden mit Backpapier auslegen.

1 Butter und Öl in einer Pfanne erhitzen. Die Zwiebel zufügen und bei schwacher Hitze rühren, bis sie weich ist. Den Spinat zugeben und 1 Minute garen. Von der Kochstelle nehmen und abkühlen lassen. Eier und Sahne unterschlagen. Nudeln, geriebenen Käse sowie Salz und Pfeffer sorgfältig unterrühren. Die Mischung in die Förmchen füllen.

2 Die Förmchen in eine Auflaufform setzen und kochendes Wasser zugießen, so daß sie zur Hälfte im Wasser stehen. 30–35 Minuten backen, bis die Masse gestockt ist. Nach halber Backzeit eventuell mit Folie abdecken, damit sie nicht zu stark bräunt. Gegen Ende der Backzeit mit einer Messerspitze einstechen. Sie sollte beim Herausziehen noch sauber sein.

3 Die Timbalen 15 Minuten ruhen lassen. Mit einem Messer vorsichtig um die Timbalen fahren und auf Servierteller stürzen.

TIP
Schmeckt ausgezeichnet mit Tomatensauce.

1 

2 

3 

Überbackene Schinkennudeln

Zubereitungszeit: 15 Min.
Back- und Garzeit: 55 Min.
Für 4 Personen

250 g kurze Makkaroni
1 EL Olivenöl
1 Zwiebel, in schmale Spalten geschnitten
125 g Schinkenspeck, gewürfelt
125 g Kochschinken, gewürfelt
4 Eier
250 ml Milch
250 ml Sahne
2 EL Schnittlauch, grobgehackt
Salz und frisch gemahlener schwarzer Pfeffer, nach Geschmack
125 g frisch geriebener Cheddar
125 g Bocconcini (kleine Mozzarella-Bällchen, ca. 4 Stück), gewürfelt

● Backofen auf 180 °C vorheizen.

1 Makkaroni in einem großen Topf mit kochendem Wasser *al dente* garen. Gründlich abtropfen lassen. Gleichmäßig in einer 5 cm hohen Auflaufform verteilen.

2 Öl in einer großen Pfanne erhitzen. Zwiebel darin bei schwacher Hitze glasig dünsten. Speck zufügen und 2 Minuten anbraten. Kochschinken zugeben und gut untermischen. Vom Herd nehmen; abkühlen lassen.

3 Eier, Milch, Sahne, Schnittlauch, Salz und Pfeffer in einer Schüssel verquirlen. Cheddar, Bocconcini und Schinkenmischung unterrühren. Gleichmäßig über die Makkaroni geben. 35–40 Minuten backen und stocken lassen.

TIP

Dazu können Tomatenscheiben gereicht werden.

1

2

3

Tortellini mit Champignons und Gruyère

Zubereitungszeit: 15 Min.
Garzeit: 25 Min.
Für 4–6 Personen

500 g frische oder getrocknete Kräuter-Tortellini mit Hähnchen- oder Kalbfleischfüllung
100 g Butter
3 Frühlingszwiebeln, gehackt
200 g Champignons, zerkleinert
2 EL Mehl
375 ml Milch
125 ml Sahne
100 g frisch geriebener Gruyère
Salz und Pfeffer, nach Geschmack
60 g geröstete Pinienkerne

● Wasser zum Kochen bringen.
1 Tortellini darin *al dente* garen. Abtropfen lassen und warm stellen.
2 Die Hälfte der Butter in einem mittelgroßen Topf zerlassen. Frühlingszwiebeln und Champignons darin bei mittlerer Hitze 3 Minuten weich werden lassen.
3 Restliche Butter zerlassen. Mehl zufügen und bei schwacher Hitze 2 Minuten rühren. Milch und Sahne unter ständigem Rühren zugeben, bis die Sauce kocht. Käse sowie Salz und Pfeffer nach Geschmack zufügen. Pilze in die Sauce rühren. Tortellini in einer Servierschüssel anrichten, Sauce darüber schöpfen und mit Pinienkernen bestreuen.

TIP
Gruyère ist ein aromatischer Hartkäse.

1 

2 

3 

Paprika mit Pasta-Füllung

Zubereitungszeit: 20 Min.
Back- und Garzeit: 45 Min.
Für 4–6 Personen

1 EL Olivenöl
1 Zwiebel, feingehackt
1 Knoblauchzehe, zerdrückt
3 dicke Scheiben Schinkenspeck ohne Schwarte, gewürfelt
150 g Risoni, gegart
150 g frisch geriebener Mozzarella
50 g frisch geriebener Parmesan
2 EL frisch gehackte Petersilie
4 große rote Paprikaschoten, längs halbiert und entkernt
1 kleine Dose (425 g) Tomaten
125 ml trockener Weißwein
1 EL Tomatenmark
1/2 TL gemahlener Oregano
Salz und frisch gemahlener schwarzer Pfeffer, nach Geschmack
2 EL frisch gehacktes Basilikum

● Backofen auf 180 °C erhitzen. Eine flache, ofenfeste Form dünn einölen.

1 Olivenöl in einer Pfanne erhitzen. Zwiebel und Knoblauch zufügen und bei schwacher Hitze rühren, bis die Zwiebel weich ist. Den Speck zugeben und unter Rühren kroß braten.

2 Alles in eine große Schüssel geben und mit Risoni, Käse und Petersilie vermengen. Die Paprika mit der Mischung füllen und in die Form setzen.

3 In einer Schüssel zerdrückte Tomaten, Wein, Tomatenmark, Oregano, Salz und Pfeffer vermischen. Die Mischung über die Paprika geben und mit Basilikum bestreuen. 35–40 Minuten backen.

TIP
Schmeckt ausgezeichnet zu Brathähnchen.

1

2

3

Pasta-Soufflé

Zubereitungszeit: 20 Min.
Back- und Garzeit: 55 Min.
Für 4 Personen

2 EL frisch geriebener Parmesan
60 g Butter oder Margarine
1 kleine Zwiebel, feingehackt
2 EL Mehl
500 ml Milch
125 ml Hühnerbrühe
3 Eier, getrennt
125 g kleine Makkaroni, gekocht
1 Dose Lachs (210 g), abgetropft und zerpflückt
1 EL gehackte frische Petersilie
geriebene Schale einer unbehandelten Zitrone
Salz und frisch gemahlener schwarzer Pfeffer, nach Geschmack

● Den Backofen auf 210 °C vorheizen.
1 Eine 18 cm große, runde Souffléform einölen. Mit Parmesan ausstreuen, Überschuß ausleeren. Ein Stück Alufolie oder Pergamentpapier 5 cm länger als der Umfang der Souffléform zurechtschneiden und längs zusammenfalten. Die Folie um die Souffléform legen. Sie sollte 5 cm über den Rand hinausragen. Mit Schnur festbinden.
2 Butter in einem großen Topf erhitzen. Zwiebel zufügen und bei schwacher Hitze weichgaren. Mehl zugeben und 2 Minuten rühren. Vom Herd nehmen. Vorsichtig Milch und Brühe unterrühren. Mischung wieder auf den Herd stellen und bei mittlerer Hitze rühren, bis sie kocht und dick wird. 3 Minuten auf mittlerer Stufe köcheln lassen. Eigelbe unterschlagen. Nudeln, Lachs, Petersilie, Zitronenschale, Salz und Pfeffer unterrühren. Die Mischung in eine große Schüssel geben.
3 Mit dem elektrischen Handrührgerät die Eiweiße in einer kleinen, trockenen Schüssel schlagen, bis sich weiche Spitzen bilden. Den Eischnee mit einem Metallöffel behutsam unter die Lachsmasse ziehen. Vorsichtig in die vorbereitete Form füllen. 40–45 Minuten backen, bis das Soufflé aufgegangen und hell gebräunt ist. Anschließend sofort servieren.

TIP
Heiße Soufflés sollten unmittelbar vor dem Verzehr zubereitet werden, da sie nach dem Herausnehmen aus dem Backofen rasch zusammenfallen können. Das ganze Gericht läßt sich bis einschließlich Schritt 2 im voraus zubereiten. Denken Sie aber daran, den Eischnee erst ganz kurz vor dem Backen unterzuheben.

1

2

3

1

2

3

4

Gebackene Fleischklößchen mit Pasta

Vorbereitungszeit: 25 Min.
Back- und Garzeit: 55 Min.
Für 4 Personen

100 g Makkaroni
500 g Rinderhack
1 Zwiebel, feingehackt
40 g frische Semmelbrösel
2 EL frisch geriebener Parmesan
1 EL frisch gehacktes Basilikum
1 Ei, verquirlt
2 EL Olivenöl
150 g frisch geriebener Mozzarella
40 g frische Semmelbrösel, zusätzlich

Sauce
1 Zwiebel, in Ringe geschnitten
1 Knoblauchzehe, zerdrückt
1 Paprikaschote, entkernt und in Scheiben geschnitten
125 g Champignons, in Scheiben geschnitten
30 g Tomatenmark
250 ml Wasser
125 ml Rotwein
Salz und frisch gemahlener schwarzer Pfeffer, nach Geschmack

Makkaroni in einen Topf mit kochendem Salzwasser geben und *al dente* garen. Abtropfen, beiseite stellen.
1 In einer Schüssel Rinderhack, Zwiebel, Semmelbrösel, Parmesan, Basilikum und Ei vermengen und zu Bällchen rollen.
2 Öl in einer Bratpfanne erhitzen und Fleischklößchen braun braten. Auf Küchenpapier abtropfen lassen und in eine ofenfeste Form geben. Backofen auf 180 °C vorheizen.
3 **Sauce:** Zwiebel zusammen mit Knoblauch bei niedriger Hitze in der Pfanne weich dünsten. Paprika und Champignons zugeben und 2 Minuten köcheln lassen. Tomatenmark einrühren. Wasser und Wein mischen, zugießen und unter Rühren aufkochen. Makkaroni, Salz und Pfeffer zugeben und Masse über Fleischklößchen gießen.
4 Ohne Deckel 30–35 Minuten backen, dann mit Mozzarella und Semmelbrösel bestreuen und weitere 10 Minuten backen bzw. so lange, bis die Kruste goldbraun wird.

Grieß-Gnocchi

Zubereitungszeit: 15 Min. + 1 Std. Kühlzeit
Back- und Garzeit: 40 Min.
Für 4 Personen

750 ml Milch
1/2 TL geriebener Muskat
Salz und frisch gemahlener schwarzer Pfeffer, nach Geschmack
125 g Grieß
1 Ei, verquirlt
150 g frisch geriebener Parmesan
60 g Butter oder Margarine, zerlassen
125 ml Sahne
75 g frisch geriebener Mozzarella

Eine Biskuitblech (29 cm x 19 cm x 3 cm) mit Backpapier auslegen.
1 Milch, 1/4 TL Muskat, Salz und Pfeffer in einem mittelgroßen Topf zum Kochen bringen. Hitze reduzieren und langsam den Grieß einrühren. Unter gelegentlichem Rühren 5–10 Minuten köcheln und sehr fest werden lassen. Vom Herd nehmen. Ei und 100 g Parmesan unterrühren. Die Masse auf dem vorbereiteten Blech verstreichen. 1 Stunde kalt stellen.
2 Backofen auf 180 °C vorheizen. Mit einem Ausstecher 4 cm große Kreise aus dem Grieß ausstechen. In eine gefettete Auflaufform legen.
3 Butter und dann Sahne darüber träufeln. Den restlichen Parmesan und Mozzarella mischen und darüber streuen. Mit dem restlichen Muskat bestreuen. 20–25 Minuten goldbraun backen.

TIP
Dazu kann ein gemischter Salat gereicht werden.

1

2

3

Register

Basilikum-Tortellini in Speck-Tomaten-Sauce 83
Bohnensuppe mit Wurst 31
Bolognaise, schnelle 13
Bucatini in Landsauce 38

Cannelloni Milanese 100
Cannelloni 86
Conchiglie mit Brokkoli und Sardellen 66
Conchiglie mit Huhn und Ricotta 92

Erbsensuppe mit Speck 35

Farfalle mit Thunfisch und Kapern 59
Farfalle mit Thunfisch, Champignons und Sahne 73
Fettuccine Alfredo 63
Fettuccine mit Garnelen 72
Fettuccine mit Hähnchenbrust und Walnüssen 58
Fettuccine mit Kaviar 75
Fettuccine mit Oliven und Aubergine 27
Fettuccine mit Räucherlachs 74
Fettuccine mit Spinat und Prosciutto 18
Fettuccine mit Zucchini 19
Fettuccine, überbackene 101
Frische Pasta .8
Fusilli mit Artischocken 59
Fusilli mit grüner Sauce 20

Gebackene Fleischklößchen mit Pasta .109
Gebackene Spaghetti-Frittata 88
Getrocknete Pasta 6
Gnocchi mit Tomatensauce 53
Grieß-Gnocchi 110
Grieß-Gnocchi, überbackene 80

Hackfleischbällchen mit Fusilli 52
Hähnchen-Ravioli mit Salbei-Butter 84

Italienisches Omelett 25

Kalbfleisch-Tortellini in Spinatsauce 93
Kartoffel-Gnocchi in Tomaten-Basilikum-Sauce 81
Käse-Tortellini in Nuß-Kräutersauce 85
Klassische Lasagne 102
Knoblauchsauce mit Petersilie 12
Kürbis-Pasta-Suppe 34

Lasagne, klassische 102
Lasagnette mit Spinat-Champignon-Sauce 29
Linguine in sahniger Zitronensauce . .79
Linguine mit roter Paprikasauce 20
Linguine mit Sardellen, Oliven und Kapern 46
Linguine mit Schinkenspeck und Sesam .58

Makkaroni mit Spinat und Schinkenspeck 59
Makkaroni-Auberginen-Torte 90
Makkaroni-Käse-Auflauf 96
Meeresfrüchte-Lasagne 89
Minestrone mit Pesto 32
Muschelnudeln mit Artischocke, Salami und Tomate 29
Muskat-Kürbis-Gnocchi 81

Nudelsalat mit sonnengetrockneten Tomaten und Spinat .24

Omelett, italienisches 25

Pappardelle mit Paprika-Kaninchen 50
Paprika mit Pasta-Füllung 107
Pasta Marinara 44
Pasta mit Ochsenschwanz-Sellerie-Schmortopf 56
Pasta mit Ricotta, Chilischote und Kräutern 26
Pasta mit Venusmuscheln 47
Pasta, frische .8
Pasta, getrocknete 6
Pasta-Soufflé 108
Pasta-Spinat-Timbalen 104
Pastitsio 97
Penne mit dicken Bohnen und Artischocken 58
Penne mit Huhn und Champignons 76
Penne mit Prosciutto 40
Penne mit Tomaten-Sahne-Sauce 64
Pesto 15

Ravioli 98
Rigatoni Amatriciana 41
Rigatoni in Kürbissauce 68
Rigatoni mit Chorizo und Tomaten 54
Rigatoni mit Würstchen und Kidney-Bohnen 39
Rigatoni mit Wurst und Parmesan 76

Salat mit gegrillten Paprikaschoten und Anchovis 21
Sauce bolognaise 14
Schinkennudeln, überbackene 105
Schnelle Bolognaise 13
Spaghetti Carbonara 62
Spaghetti mit Chili-Kalmar 48
Spaghetti mit Erbsen und Zwiebelchen 17
Spaghetti mit Gongonzola-Sauce 65
Spaghetti mit Knoblauch und Miesmuscheln 71
Spaghetti mit Miesmuscheln in Tomaten-Kräuter-Sauce 44
Spaghetti mit Primavera-Sauce 70
Spaghetti mit Rauke und Chilischote 28
Spaghetti mit Salami-Paprika-Sauce 57
Spaghetti mit Tomaten und Oliven 58
Spaghetti Pizzaiola 51
Spaghetti Puttanesca 37
Spaghetti Siracusani 42
Spaghetti-Frittata, gebackene 88
Spaghetti-Tomaten-Salat 23
Spinat-Fettuccine in Champignonsauce 66
Spinat-Ricotta-Gnocchi 80
Spiralnudeln mit Brotsauce 28
Spiralnudeln mit Saubohnen-Sauce 69

Tagliatelle mit Hühnerleber in Sahnesauce 78
Tagliatelle mit Krake 49
Tagliatelle mit Kräutersauce 29
Tagliatelle mit Rucola und sonnengetrockneten Tomaten 59
Tagliatelle mit Spargel und Kräutern .61
Tagliatelle mit Tomaten-Walnuß-Sauce 43
Tomaten-Oliven-Sauce 10
Tomatensauce 11
Tortellini mit Champignons und Gruyère 106
Tortellini mit Pilzsauce 94
Überbackene Fettuccine 101
Überbackene Grieß-Gnocchi 80
Überbackene Schinkennudeln 105

Ziti mit Wurst-Gemüse 55
Zitronenbrühe mit Tortellini 33

Originaltitel: *Pasta Cookbook*

Übersetzung aus dem Englischen: Wolfgang Beuchelt, Angelika Feilhauer, Gabriele-Sabine Gugetzer, Susanne Haeger (für Kölner Grafik Büro)
Redaktion und Satz: Kölner Grafik Büro

Projektkoordination: Dorit Esser
Herstellung: Ursula Schümer

Druck und Bindung: Sing Cheong Printing Co., Ltd.
Printed in Hong Kong, China

ISBN 3-8290-5653-2

10 9 8 7 6 5 4 3 2 1